大学·中庸

与经典同行　与圣人为伍

主编　最美母语工作室　本册主编　史林　副主编　林学美

《大学·中庸》是怎样一本书？

元景德镇青花萧何月下追韩信图梅瓶

1. 关于作者

相传《大学》为孔子学生曾参所作。曾参，字子舆，以孝著称，提出“吾日三省吾身”的修养方法。他认为“忠恕”是孔子“一以贯之”的思想，提出“慎终追远”“犯而不校（计较）”等主张。他把自己的学问传授给子思，子思又传给孟子。后人称曾参为“宗圣”。

相传《中庸》为战国时孔子的孙子子思所作。子思，名孔伋，曾受业于曾参，发挥孔子“中庸”思想并使之系统化，成为自己的核心学说。宣传儒家“诚”的道德观念，并视之为世界的本原。后孟子受业于他的门人，进一步发挥他的学说，从而建立思孟学派。后人称他为“述圣”。

2. 内　容

《大学》是儒家经典之一，原为《礼记》中的一篇。《大学》以明德、新民、止于至善作为纲领性要求，通过格物、致知、诚意、正心而达到修身，再达到齐家、治国、平天下的目的。主张“仁政”，强调以德为本，以财为末。注重获取民心，注重生财之道。

《中庸》是儒家经典之一，原为《礼记》中的一篇。《中庸》以“中庸”作为道德行为的最高标准，主张处理事情不偏不倚，无过无不及。把“诚”看作世界的本原，认为“至诚”则达到人生的最高境界，并提出“博学之，审问之，慎思之，明辨之，笃行之”的学习过程和认识方法。作为“四书”之一，《中庸》也是后世科举取士的必读教科书。

注：关于《大学》一书的作者，众说纷纭，本书采用南宋朱熹的观点。关于《中庸》一书的作者，众说纷纭，本书采用西汉司马迁、南宋朱熹的观点。

西周大盂鼎

3. 历史地位

北宋程颢、程颐将《大学》《中庸》从《礼记》中抽出，南宋朱熹又将它们与《论语》《孟子》合编注释，称为“四书”，是后世科举取士的必读教科书。

画说国学版《大学·中庸》

1 原文采用大字注音，并附有导读和译文，以便诵读理解。

第五章

【导读】本章引用孔子的话来阐释“本末”，说明“听讼”是末，“明德”是本。认为只要弘扬德行，百姓自然会产生敬畏之心，诉讼也会自然消除，由此便可知道事情的根本了。

子曰：“听讼，吾犹人也，必也使无讼乎！”无情者不得尽其辞，大畏民志，此谓知本。

【释义】孔子说：“审理案件，我和别人是一样的，目的在于使诉讼不再发生。”要使那些奸诈不实的人不敢再花言巧语，使百姓内心感到敬畏，这就叫作抓住了根本。

孔子听讼

明人绘孔子为鲁司寇像

春秋时期，孔子曾担任鲁国司寇。当时，一对父子打官司，被孔子拘留，

南宋佚名绘《孔子弟子像卷》中的冉求画像

三个月过后，也不审判。最后父亲提出不再和儿子打官司，孔子便释放了他们。执政的季孙氏听说后很不高兴，认为孔子应该杀掉儿子来警告那些不孝的人，而不是释放他们。

冉求将此事告诉孔子，孔子感慨地说：“现在的统治者扰乱教化，增加刑罚，使百姓迷惑而堕落，然后再去制裁他们，结果使刑罚越来越多，秩序却越来越乱。只有施行教化，减少杀戮，百姓才会顺服。”由于孔子注重道德教化，鲁国形成了父慈子孝的社会风气。

明刻本《孔子圣迹图》之《赦父子讼》，讲述孔子任鲁国司寇期间，审理父子诉讼案件的故事

2 每则内容配有相关的精彩故事，以加深对原文精髓的领悟。

3 每则故事都配有原汁原味的古代插画，或反映当时生活情境的文物图片，以尽量还原故事所要表达的思想内涵。

目录

大学

中庸

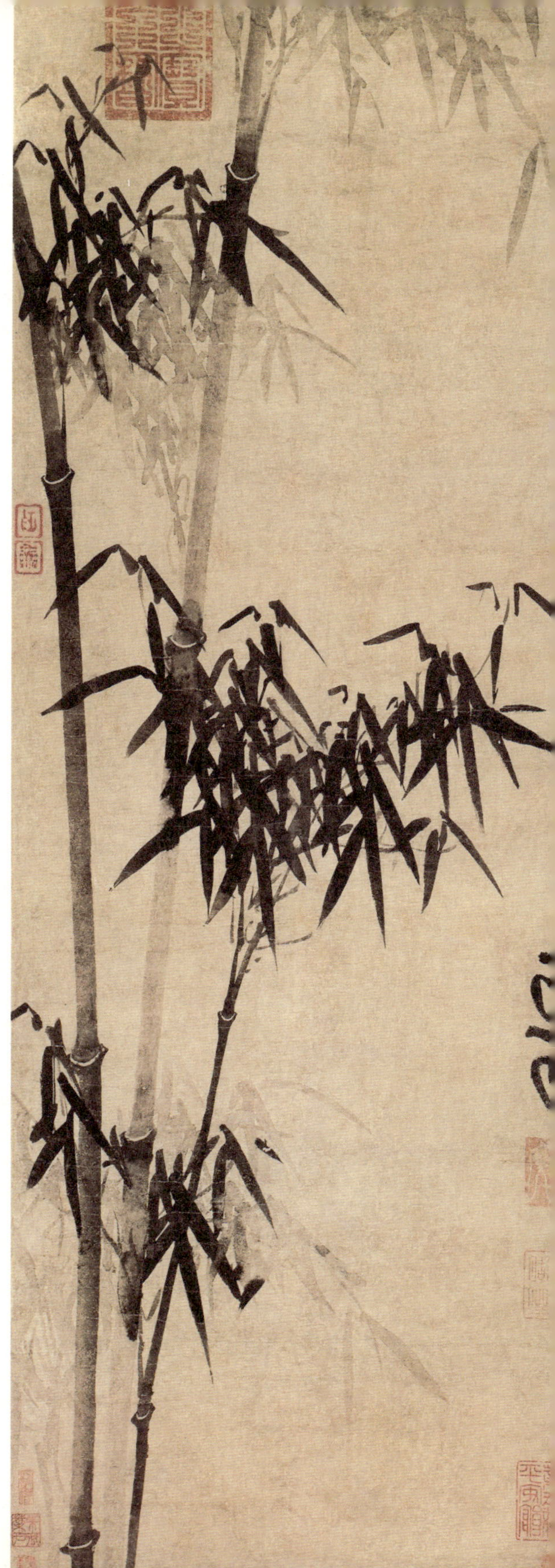

大　学

清丁观鹏绘《太平春市图》（局部）

第一章

【导读】本章阐明大学的宗旨和纲要。其中，“明明德”“亲（新）民”“止于至善”为大学的“三纲”，“格物”“致知”“诚意”“正心”“修身”“齐家”“治国”“平天下”为大学的“八条目”，儒家哲学的入门精要都包含在这一章中，以下各章都是对“三纲八条目”的具体阐释。

dà xué zhī dào　zài míng míng dé　zài xīn mín
大学之道，在明明德，在亲民，
zài zhǐ yú zhì shàn　zhī zhǐ ér hòu yǒu dìng　dìng ér hòu néng
在止于至善。知止而后有定，定而后能
jìng　jìng ér hòu néng ān　ān ér hòu néng lǜ　lǜ ér
静，静而后能安，安而后能虑，虑而
hòu néng dé　wù yǒu běn mò　shì yǒu zhōng shǐ　zhī suǒ
后能得。物有本末，事有终始。知所
xiān hòu　zé jìn dào yǐ
先后，则近道矣。

【释义】大学的宗旨，在于教人弘扬光明正大的品德，使人弃旧图新，并最终达到完善的境界。知道应该达到的境界，才能志向坚定；志向坚定，才能镇静不乱；镇静不乱，才能心安理得；心安理得，才能思虑周详；思虑周详，才能达到完善的境界。每样东西都有根本和末节，每件事情都有开始和终结。知道了本末始终的先后次序，就接近事物发展的规律了。

割发代罚

明人绘魏太祖曹操画像

三国时，曹操实行屯田政策，看着成熟的麦子，心里十分高兴，于是下令：“严禁毁坏麦田，违者杀头。”过了一些日子，曹操率兵去打仗，他骑着马，走在田间的小路上。忽然，一群小鸟从麦田里飞出，惊得曹操的战马四处乱跑，踏坏了一大片麦子。

曹操见自己违反军纪，就请军法官治罪。军法官十分为难，曹操说：“我身为主帅，不能自杀，就把我的头发割下来代替砍头吧！”说完，用宝剑割下自己的头发，交给军法官示众。将士们对曹操严格要求自己很佩服，从此都格外遵守军纪。

gǔ zhī yù míng míng dé yú tiān xià zhě xiān zhì qí
古之欲明明德于天下者，先治其
guó yù zhì qí guó zhě xiān qí qí jiā yù qí qí jiā
国；欲治其国者，先齐其家；欲齐其家
zhě xiān xiū qí shēn yù xiū qí shēn zhě xiān zhèng qí
者，先修其身；欲修其身者，先正其
xīn yù zhèng qí xīn zhě xiān chéng qí yì yù chéng
心；欲正其心者，先诚其意；欲诚
qí yì zhě xiān zhì qí zhī zhì zhī zài gé wù
其意者，先致其知；致知在格物。

【释义】古代那些想要在天下弘扬光明正大品德的人，先要治理好自己的国家；想要治理好自己的国家，先要管理好自己的家庭；想要管理好自己的家庭，先要修养自身的品行；想要修养自身的品行，先要端正自己的心思；想要端正自己的心思，先要使自己的意念真诚；想要使自己的意念真诚，先要使自己获得知识；获得知识的途径在于探究事物的道理。

坚持改错 

qīng cháo kāng xī nián jiān yǒu yí gè shào
清朝康熙年间，有一个少
nián jiào xú wén jìng cóng xiǎo tiáo pí dǎo dàn
年叫徐文靖，从小调皮捣蛋，

清康熙黑地五彩三星图盘

清焦秉贞绘《百子团圆图》之一，描绘儿童打斗的场景

不仅满嘴脏话、粗话，还经常和人打架，同学们都不愿意和他交朋友。后来，在老师和父母的帮助下，徐文靖决定痛改前非。

为了改变不良习惯，他想了一个办法。他找来两个小瓷瓶，准备分别储放黑豆和黄豆，每当做了好事，就在一个瓶子里放一颗黄豆；每当做了错事，就在另一个瓶子里放一颗黑豆。过一段时间，他就把两个瓶子里的豆子倒出来，通过对两种豆子数量的比较，进行检查、反省。渐渐地，黄豆多了，黑豆少了，最终他改掉了不良习惯。

清康熙通宝

wù gé ér hòu zhī zhì zhī zhì ér hòu yì chéng
物格而后知至，知至而后意诚，
yì chéng ér hòu xīn zhèng xīn zhèng ér hòu shēn xiū shēn xiū
意诚而后心正，心正而后身修，身修
ér hòu jiā qí jiā qí ér hòu guó zhì guó zhì ér hòu tiān
而后家齐，家齐而后国治，国治而后天
xià píng
下平。

【释义】探究事物的道理后，才能获得知识；获得知识后，才能意念真诚；意念真诚后，才能心思端正；心思端正后，才能品行修养；品行修养后，才能管理好家庭；管理好家庭后，才能治理好国家；治理好国家后，才能使天下太平。

相国的车夫 

chūn qiū shí qī qí guó xiàng
春秋时期，齐国相
guó yàn yīng de chē fū yǒu yí cì huí jiā
国晏婴的车夫有一次回家
hòu qī zi biǎo shì jiān jué yào lí kāi
后，妻子表示坚决要离开
tā chē fū hěn chī jīng máng wèn tā
他。车夫很吃惊，忙问她
wèi shén me qī zi shuō nǐ kàn
为什么。妻子说：“你看

清末《历代名臣像解》中的晏婴画像

晏婴虽然身为相国，名扬天下，可是今天我见到他坐在车上，神情安然，态度谦恭。再看你，相貌堂堂的男子汉，只是一个车夫，却摆出一副不可一世的样子，这是不知分寸。相国都那么谦恭，你又有什么值得炫耀的呢？难道只是因为给相国赶车吗？”听完妻子的批评，车夫很惭愧，从此变得谦虚起来。

明吕坤撰《闺范》卷三《齐相御妻》插画，描绘晏子的车夫趾高气扬，而其妻在门后偷偷观望的场景

晏婴发现了车夫的变化，问清缘由后，向齐景公推荐他做了大夫，并对他的妻子进行了奖赏。

明佚名绘《孔子圣迹图》之《晏婴沮封》，图中跪地者为晏婴，他在向齐景公阐述儒者不堪重用，阻止齐景公加封孔子

zì tiān zǐ yǐ zhì yú shù rén yī shì jiē yǐ xiū
自天子以至于庶人，壹是皆以修
shēn wéi běn qí běn luàn ér mò zhì zhě fǒu yǐ qí suǒ
身为本。其本乱而末治者，否矣；其所
hòu zhě bó ér qí suǒ bó zhě hòu wèi zhī yǒu yě cǐ
厚者薄，而其所薄者厚，未之有也。此
wèi zhī běn cǐ wèi zhī zhī zhì yě
谓知本，此谓知之至也。

【释义】上自一国之君，下至平民百姓，人人都要以修养自身品行为根本。如果这个根本乱了，那么要做到齐家、治国、平天下是不可能的；正如他尊敬的人却怠慢他，他怠慢的人却尊敬他，这样的事是从来没有发生过的。这叫抓住了根本，这叫知识到达了顶点。

寝门三朝

zhōu wén wáng jī chāng zuò shì zǐ
周文王姬昌做世子
gǔ dài dì wáng hé zhū hóu de ér zi
（古代帝王和诸侯的儿子
zhōng què dìng jì chéng wáng wèi huò jué wèi
中确定继承王位或爵位
zhě de shí hou duì fù qīn wáng jì
者）的时候，对父亲王季
gé wài xiào jìng měi tiān dōu yào sān cì
格外孝敬，每天都要三次

明人绘周文王画像

清金柘岩辑、戴连洲绘《孝经传说图解》卷一之《西伯寝门》，描绘文王做世子时，每天恭敬问候父亲王季的场景

去给父亲请安。

天刚蒙蒙亮，姬昌就开始穿衣梳洗，整装完毕后，早早来到父亲卧室门前恭候。他先要询问服侍父亲的小臣：“我父亲今天是否安好？心情怎么样？”如果小臣回答：“很好。”那么姬昌就会非常高兴。到了中午，他还要去请安，晚上也是如此，没有一天不是这样的。作为一国之君，文王的行为成为百姓效仿的楷模，他也因此成为万世敬仰的圣君。

明焦竑著《养正图解》中的插图《寝门视膳》，描绘周文王在父亲卧室前查看饭食的场景

第二章

【导读】 本章引用《尚书》中的三句话来阐释“明明德”，说明“明德”是上天所赋、人之本有的美德，是必须要弘扬的。

kāng gào yuē kè míng dé tài
《康诰》曰：“克明德。”《大

jiǎ yuē gù shì tiān zhī míngmìng dì diǎn
甲》曰：“顾諟天之明命。”《帝典》

yuē kè míng jùn dé jiē zì míng yě
曰：“克明峻德。”皆自明也。

【释义】《尚书·康诰》说：“能够弘扬光明的品德。”《尚书·太甲》说：“常常想起上天赋予的光明美德。”《尚书·尧典》说：“能够弘扬崇高的品德。”这些都是说自己要弘扬光明正大的品德。

台北故宫博物院藏夏禹画像

大禹治水

清末《钦定书经图说·禹贡》一章中的《随山刊木图》，描绘了大禹治水的经历

传说上古时期，洪水泛滥，百姓深受其苦。帝尧时，派大禹的父亲鲧去治水，鲧采用围堵的方法治水，不断筑堤堵水。结果由于方法不当，反而使洪水越来越大，鲧也因此被流放。

大禹后来接替父亲的职位，继续治水。他吸取父亲的教训，采取疏导的办法，凿山开河疏通水道，经过十三年苦战，最终制服了洪水。其间，大禹处处为民先导，三过家门而不入，他公而忘私的精神，受到历代人的称赞。大禹治理洪水，不仅使当时民众受益，而且泽及后代。因此，舜把帝位传给了他。

清乾隆《大禹治水图》玉山

第　三　章

【导读】本章引用《盘铭》《尚书》和《诗经》中的话来阐释“新民”。“新民”既要求君主自新，也要求百姓自新；要求君主起到示范作用，激励百姓不断振作自新，追求达到至善的境界。

tāng zhī pán míng yuē gǒu rì xīn rì
汤之《盘铭》曰：“苟日新，日

rì xīn yòu rì xīn kāng gào yuē zuò xīn
日新，又日新。”《康诰》曰：“作新

mín shī yuē zhōu suī jiù bāng qí mìng wéi
民。”《诗》曰：“周虽旧邦，其命维

xīn shì gù jūn zǐ wú suǒ bú yòng qí jí
新。”是故君子无所不用其极。

【释义】成汤刻在浴盆上的警句说：“如果一天能够自新，就应该保持天天自新，新了还要更新。”《尚书·康诰》说：“激励人们弃旧图新。”《诗经·大雅·文王》说：“周朝虽然是个古老的国家，却禀受新的天命。”所以，君子凡事都追求达到至善的境界。

西晋周处家族墓地出土的青瓷神兽尊

周处自新

周处是西晋时期人，年轻时凭借自己有力气，会武艺，称霸一方。后来，有人告诉他，本地有“三害”（当地河里的蛟龙、南山的猛虎再加上周处，被称为“三害”），周处为了表现自己的侠义，上山打死猛虎，又到河中与蛟龙进行殊死搏斗。最后蛟龙被杀死，周处也负了伤。人们以为周处死了，所以拍手称快，认为“三害”都被除掉了。

周处见乡亲们都盼着他死，才知道自己以前确实做得有些过分，决定改过自新。后来，周处跟随名士陆机、陆云学习，逐渐改掉恶习，并且还做了将军，成为国家的有用之才。

天津杨柳青年画《除三害》，讲述周处搏杀猛虎、蛟龙的故事

第　四　章

【导读】本章引用《诗经》和孔子的话来阐释“止于至善”。首先三次引用《诗经》，说明“止”的重要性和必要性；随后提出五条重要人伦准则：君仁、臣敬、子孝、父慈、交信；最后鼓励君子要不断进行自我修养，提升道德品质，力争达到至善的境界。

shī yún bāng jī qiān lǐ wéi mín suǒ
《诗》云：“邦畿千里，惟民所
zhǐ shī yún mín mán huáng niǎo zhǐ yú
止。”《诗》云：“缗蛮黄鸟，止于
qiū yú zǐ yuē yú zhǐ zhī qí suǒ zhǐ kě
丘隅。”子曰：“于止，知其所止，可
yǐ rén ér bù rú niǎo hū shī yún mù mù wén
以人而不如鸟乎？”《诗》云：“穆穆文
wáng wū jī xī jìng zhǐ wéi rén jūn zhǐ yú rén
王，於缉熙敬止！”为人君，止于仁；
wéi rén chén zhǐ yú jìng wéi rén zǐ zhǐ yú xiào wéi
为人臣，止于敬；为人子，止于孝；为
rén fù zhǐ yú cí yǔ guó rén jiāo zhǐ yú xìn
人父，止于慈；与国人交，止于信。

【释义】《诗经·商颂·玄鸟》说：“京城及其周围方圆千里，都是百姓居住的地方。”《诗经·小雅·绵蛮》说：“细声鸣叫的

黄鸟，栖息在山丘的一角。”孔子说：“连黄鸟都知道它该栖息的地方，难道人还不如一只鸟儿吗？”《诗经·大雅·文王》说：“品德高尚的文王啊，为人光明磊落，做事庄重谨慎，始终受到百姓的敬重。”做国君的，要做到仁爱百姓；做臣子的，要做到尊敬君主；做子女的，要做到孝顺父母；做父亲的，要做到慈爱子女；与他人交往，要做到诚实有信。

亲涤溺器

huáng tíng jiān shì běi sòng shí qī de shī rén shū fǎ jiā chū yú sū shì mén
黄庭坚是北宋时期的诗人、书法家，出于苏轼门
xià yǔ sū shì qí míng shì chēng sū huáng
下，与苏轼齐名，世称“苏黄”。

清王素绘《二十四孝图》之《黄庭坚亲涤溺器》

huáng tíng jiān
黄庭坚
shēng xìng xiào shùn
生性孝顺，
suī rán shēn fèn xiǎn
虽然身份显
guì dàn shì fèng mǔ
贵，但侍奉母
qīn shǐ zhōng jìn xīn
亲始终尽心
jié lì jí jìn
竭力，极尽
chéng yì àn lǐ
诚意。按理
shuō jiā zhōng bì
说，家中婢

清殿藏本黄庭坚画像

nǚ hěn duō liào lǐ mǔ qīn de shēng huó zì
女很多，料理母亲的生活自
rán bú yòng tā dòng shǒu dàn shì měi tiān xià
然不用他动手。但是每天下
cháo hòu huáng tíng jiān dōu yào xiān qù tàn wàng
朝后，黄庭坚都要先去探望
mǔ qīn qīn zì shì chá fèng shuǐ zuì nán
母亲，亲自侍茶奉水。最难
dé de shì měi tiān wǎn shang tā dōu yào qīn
得的是，每天晚上他都要亲
zì wèi mǔ qīn xǐ shuā biàn pén cóng lái bú
自为母亲洗刷便盆，从来不
jiè zhù tā rén zhī shǒu chūn xià qiū dōng cóng
借助他人之手，春夏秋冬从
bú jiàn duàn sū shì zài xiàng
不间断。苏轼在向
cháo tíng tuī jiàn huáng tíng jiān
朝廷推荐黄庭坚
de wén zhāng zhōng chēng huáng
的文章中，称黄
tíng jiān guī qí zhī wén
庭坚“瑰奇之文，
jué miào dāng shì xiào yǒu zhī
绝妙当世。孝友之
xíng zhuī pèi gǔ rén
行，追配古人”，
duì tā jǐ yǔ le hěn gāo de
对他给予了很高的
píng jià
评价。

清任伯年绘《二十四孝图》之《黄庭坚亲涤溺器》

shī yún zhān bǐ qí yù lù zhú yī
《诗》云：“瞻彼淇澳，菉竹猗
yī yǒu fěi jūn zǐ rú qiē rú cuō rú zhuó rú mó
猗。有斐君子，如切如磋，如琢如磨。
sè xī xiàn xī hè xī xuān xī yǒu fěi jūn zǐ zhōng bù
瑟兮僩兮，赫兮喧兮。有斐君子，终不
kě xuān xī rú qiē rú cuō zhě dào xué yě
可谊兮！”“如切如磋”者，道学也；
rú zhuó rú mó zhě zì xiū yě sè xī xiàn
“如琢如磨”者，自修也；“瑟兮僩
xī zhě xún lì yě hè xī xuān xī zhě wēi
兮”者，恂慄也；“赫兮喧兮”者，威
yí yě yǒu fěi jūn zǐ zhōng bù kě xuān xī zhě
仪也；“有斐君子，终不可谊兮”者，
dào shèng dé zhì shàn mín zhī bù néng wàng yě
道盛德至善，民之不能忘也。

【释义】《诗经·卫风·淇澳》说：“看那淇水弯曲的岸边，嫩绿的竹子茂密葱郁。有一位文质彬彬的君子，研究学问如同加工骨器，不断切磋；省察自己如同打磨美玉，反复琢磨。他态度庄重，模样威严，光明磊落，襟怀坦荡。这样一位文质彬彬的君子，真是令人难忘啊！”这里所说的“如同加工骨器，不断切磋”，是指君子研究学问的态度；这里所说的“如同打磨美玉，反复琢磨”，是指君子自我修养的精神；说他“态度庄重，模样威严”，是指他内心谨慎而有所戒惧；说他“光明磊落，襟怀坦荡”，是指他模样威严，使人尊

敬；说他“这样一位文质彬彬的君子，真是令人难忘啊”，是指由于他品德高尚，达到了至善至美的境界，所以让人难以忘怀。

胸有成竹 

文同款《墨竹图》

文同，字与可，字号“笑笑先生”，是北宋时画家、诗人。他擅长画竹，跟他学习的人很多，有“湖州竹派”之称。为了画好竹子，文同在院子附近种了很多竹子，细心观察竹子在不同季节、不同气候下的变化，对竹子的各种姿态了如指掌。所以当他动笔作画时，往往是一挥而就，且形神兼备。

文同画竹子的经验使苏轼深受启发。苏轼认为，画竹子须先仔细观察，在胸中形成竹子的形态。画家晁补之这样评价文同：“与可画竹时，胸中有成竹。”意思是说，文同在画竹子时，完美的竹子形象早就在他的心里构思好了。

《诗》云："於戏！前王不忘。"君子贤其贤而亲其亲，小人乐其乐而利其利，此以没世不忘也。

【释义】《诗经·周颂·烈文》说："啊！前代的君王真使人难忘啊！"因为后世的贤君以前代的君王为榜样，尊敬贤人，亲近亲族，百姓也都蒙受恩泽，享受安乐，获得利益。所以，即使前代君王已经去世，人们还是永远不会忘记他们的。

文景之治 

清人绘汉景帝画像

西汉文帝和儿子景帝在位期间，重视农业生产，实行轻徭薄赋政策。文帝时田租由十五税一减为三十税一，景帝则把三十税一作为定制。人头税由每人每年120钱减为40钱，徭役也由一年服一个月减为三年服一个月。他们还尽量减少土木工程，生活上注重节俭。同时，吸取秦朝严刑峻法引起社会动乱的教训，任用宽厚廉洁的官吏，并废除连坐、肉刑等酷法。

明金忠编《瑞世良英》卷三之《汉文帝即位》，讲述汉文帝即位后，兴利除害，使天下安定的故事

经过近四十年的修养生息，当时土地开辟，人口增加，出现了社会安定、政治清明、经济繁荣的局面，国家政治经济实力大为增强，史称“文景之治”。

清孙祜、周鲲、丁观鹏等绘《汉宫春晓图》（局部）

第五章

【导读】本章引用孔子的话来阐释“本末”，说明“听讼”是末，“明德”是本。认为只要弘扬德行，百姓自然会产生敬畏之心，诉讼也会自然消除，由此便可知道事情的根本了。

zǐ yuē tīng sòng wú yóu rén yě bì yě shǐ
子曰：“听讼，吾犹人也，必也使
wú sòng hū wú qíng zhě bù dé jìn qí cí dà wèi mín
无讼乎！”无情者不得尽其辞，大畏民
zhì cǐ wèi zhī běn
志，此谓知本。

【释义】孔子说：“审理案件，我和别人是一样的，目的在于使诉讼不再发生。”要使那些奸诈不实的人不敢再花言巧语，使百姓内心感到敬畏，这就叫作抓住了根本。

孔子听讼

明人绘孔子为鲁司寇像

chūn qiū shí qī kǒng zǐ céng dān rèn lǔ guó sī kòu
春秋时期，孔子曾担任鲁国司寇。
dāng shí yí duì fù zǐ dǎ guān si bèi kǒng zǐ jū liú
当时，一对父子打官司，被孔子拘留，

南宋佚名绘《孔子弟子像卷》中的冉求画像

三个月过后，也不审判。最后父亲提出不再和儿子打官司，孔子便释放了他们。执政的季孙氏听说后很不高兴，认为孔子应该杀掉儿子来警告那些不孝的人，而不是释放他们。

冉求将此事告诉孔子，孔子感慨地说：“现在的统治者扰乱教化，增加刑罚，使百姓迷惑而堕落，然后再去制裁他们，结果使刑罚越来越多，秩序却越来越乱。只有施行教化，减少杀戮，百姓才会顺服。”由于孔子注重道德教化，鲁国形成了父慈子孝的社会风气。

明刻本《孔子圣迹图》之《赦父子讼》，讲述孔子任鲁国司寇期间，审理父子诉讼案件的故事

第 六 章

【导读】

本章方括号内的文字为朱熹作的“补传”，是朱熹对“格物致知”的解释和发挥，并非《大学》的原文。历史上，有人认为这段补写是多余的，但不可否认，朱熹的补传推理严密，有助于我们对《大学》精神的理解。

cǐ wèi zhī běn suǒ wèi zhì zhī zài gé wù
（此谓知本。）［所谓致知在格物
zhě yán yù zhì wú zhī zhī zài jí wù ér qióng qí lǐ
者，言欲致吾之知，在即物而穷其理
yě gài rén xīn zhī líng mò bù yǒu zhī ér tiān xià zhī
也。盖人心之灵莫不有知，而天下之
wù mò bù yǒu lǐ wéi yú lǐ yǒu wèi qióng gù qí zhī yǒu
物莫不有理，惟于理有未穷，故其知有
bú jìn yě shì yǐ dà xué shǐ jiào bì shǐ xué zhě
不尽也。是以《大学》始教，必使学者
jí fán tiān xià zhī wù mò bù yīn qí yǐ zhī zhī lǐ ér
即凡天下之物，莫不因其已知之理而
yì qióng zhī yǐ qiú zhì hū qí jí zhì yú yòng lì zhī
益穷之，以求至乎其极。至于用力之
jiǔ ér yí dàn huò rán guàn tōng yān zé zhòng wù zhī biǎo
久，而一旦豁然贯通焉，则众物之表
lǐ jīng cū wú bú dào ér wú xīn zhī quán tǐ dà yòng wú
里精粗无不到，而吾心之全体大用无
bù míng yǐ cǐ wèi wù gé cǐ wèi zhī zhī zhì yě
不明矣。此谓物格。］此谓知之至也。

【释义】（这就叫作抓住了根本。）［所谓获得知识的途径在于探究事物的道理，说的是要想获得知识，就必须接触事物，并穷尽它的道理。人心是有灵性的，都具有认知能力，而天下的事物都包含着各自的道理，只不过有些道理还没有穷尽，所以人们的认识就显得很有局限。因此，《大学》一开始就教学习者接触天下万事万物，用自己已有的知识去进一步探究，争取达到认知的极限，穷尽万物所有的道理。经过长期用功，总有一天会豁然贯通，到那时，万事万物的外表与内涵、微观与宏观，都被认识得清清楚楚，而自己的认知能力也得到淋漓尽致的发挥，不再有闭塞的地方。这就叫作事物的道理得以探究。］这就叫知识达到了顶点。

西门豹治邺 

zhàn guó chū nián wèi wén hóu pài xī mén bào dào yè chéng jīn hé běi lín zhāng
战国初年，魏文侯派西门豹到邺城(今河北临漳
xiàn xī dān rèn xíng zhèng zhǎng guān xī mén bào dào le yè chéng fā xiàn nà lǐ fēi
县西)担任行政长官。西门豹到了邺城，发现那里非
cháng xiāo tiáo zhào jí dāng dì fù lǎo yí
常萧条，召集当地父老一
wèn cái zhī dào shì xiāng shēn hé wū pó gōu
问，才知道是乡绅和巫婆勾
jié gǎo hé bó qǔ xí fu de bǎ xì kēng
结，搞河伯娶媳妇的把戏，坑
hài bǎi xìng shǐ de zhè lǐ de bǎi xìng bèi jǐng
害百姓，使得这里的百姓背井
lí xiāng xī mén bào fēi cháng qì fèn jué
离乡。西门豹非常气愤，决
xīn chéng zhì nà xiē xiāng shēn hé wū pó
心惩治那些乡绅和巫婆。

战国四山纹镜

清顾沅辑《古圣贤像传略》中的西门豹画像

到了替河伯娶媳妇的那天，西门豹率领一群武士来到河边，以让巫婆和乡绅向河伯报告为名，将他们扔进河里。从此以后，邺城再也没有发生过为河伯娶媳妇的事，逃到外地的百姓纷纷返回邺城。为了发展农业，西门豹带领当地百姓开凿了十二条沟渠，引漳河水灌溉农田。不久，邺城就变成百姓安居乐业的繁华地区。

明焦竑著《养正图解》中的插图《政术谕下》，描绘魏文侯告诫西门豹注重视察民情的场景

第七章

【导读】 本章解释“诚意”，提出了“慎独”的概念，认为“诚意”要求不自我欺骗，因此就要做好“慎独”的功夫。“独”强调的不是“独处”，而是“独知”。如果把握好“独知”，就可以慢慢“诚其意”了。

suǒ wèi chéng qí yì zhě wú zì qī yě rú wù
所谓诚其意者，毋自欺也。如恶
è xiù rú hào hǎo sè cǐ zhī wèi zì qiè gù jūn zǐ
恶臭，如好好色，此之谓自谦。故君子
bì shèn qí dú yě xiǎo rén xián jū wéi bú shàn wú suǒ bú
必慎其独也！小人闲居为不善，无所不
zhì jiàn jūn zǐ ér hòu yǎn rán yǎn qí bú shàn ér zhù
至，见君子而后厌然，揜其不善，而著
qí shàn rén zhī shì jǐ rú jiàn qí fèi gān rán zé hé
其善。人之视己，如见其肺肝然，则何
yì yǐ cǐ wèi chéng yú zhōng xíng yú wài gù jūn zǐ
益矣？此谓诚于中，形于外。故君子
bì shèn qí dú yě
必慎其独也。

【释义】 所说的使自己的意念真诚，就是不要自己欺骗自己。就像厌恶难闻的气味，就像喜爱美丽的女人一样，一切都发自内心，才能使自己心满意足。所以，君子哪怕是独处的时候也一定要小心谨

慎。小人独处的时候做坏事，无所不为，一见到君子就躲躲闪闪，掩盖他的坏处，彰显他的好处。可是在别人看来，就像能看见你的心肺肝脏一样清楚，掩盖有什么用呢？这就叫作内心的真实一定会表现到外表上来。所以，君子哪怕是独处的时候也一定要小心谨慎。

昏夜四知

清末《历代名臣像解》中的杨震画像

杨震是东汉名士，少年好学，博览群经，人称“关西孔子”。他做官后，为政清廉，从不接受别人的贿赂。

一次，杨震路过山东昌邑，他的学生王密正在这里做县令。晚上，王密拜见杨震，送上十斤黄金。杨震说：“我理解你的心情，你怎么就不理解我呢？”他坚决不要。王密说：“恩师放心收下吧，

东汉玉“宜子孙”縠纹璧

山东沂南北寨村汉墓门楣画像《桥头上的胡汉战争》

清末民初马骀绘《古今人物画谱》之《杨震四知》图，描绘杨震拒收王密所送黄金的场景

夜深人静，是没有人会知道这件事的。”杨震生气地说：“天知道，地知道，你知道，我知道，怎么说没有人知道呢？”王密听后十分惭愧，带着黄金离开了。从此，人们都知道杨震是一个清廉无私的人了。

zēng zǐ yuē　shí mù suǒ shì　shí shǒu suǒ
曾子曰：“十目所视，十手所
zhǐ　qí yán hū　fù rùn wū　dé rùn shēn　xīn
指，其严乎！”富润屋，德润身，心
guǎng tǐ pán　gù jūn zǐ bì chéng qí yì
广体胖，故君子必诚其意。

【释义】曾子说：“大家的眼睛都看着你，大家的手都指着你，这难道不令人畏惧吗？”财富可以装饰房屋，品德可以修养身心，心胸宽广，身体才安乐舒适。所以，君子一定要使自己的意念真诚。

叔向贺贫

chūn qiū shí qī　hán qǐ bèi rèn mìng wéi jìn guó de zhèng qīng　tā wèi zì jǐ
春秋时期，韩起被任命为晋国的正卿，他为自己
yǒu zhèng qīng zhī míng què wú xiāng yìng de cái chǎn ér yōu lǜ　tài fù shū xiàng fǎn ér
有正卿之名却无相应的财产而忧虑，太傅叔向反而
xiàng tā zhù hè
向他祝贺。
hán qǐ yí huò bù jiě　shū
韩起疑惑不解，叔
xiàng jiě shì shuō　cóng qián luán wǔ zǐ
向解释说：“从前栾武子
jìn guó liǎng cháo zhèng qīng　méi yǒu bǎi
（晋国两朝正卿）没有百

山西侯马晋国遗址出土的铜鉴

春秋栾书铜缶，此器为晋国栾书（栾武子）子孙为祭祀祖先而作

顷的食邑，却发扬德行，从而使诸侯亲近，外族归附，晋国大治。而郤昭子财产抵得上晋国公室的一半，兵赋抵得上晋国军队的一半，在晋国不可一世，最终却落得陈尸示众的下场，就是因为他没有德行的缘故啊。如今你有栾武子的清贫，我以为你也能有他那样的德行，所以向你祝贺。”韩起听后，不住地点头称是。

栾书缶铭文拓片，记载了栾书选择吉金制作该缶，以祭祀皇祖，并告诫子孙永世保存享用

第八章

【导读】本章解释“正心修身”，意在阐明修身的关键在于正心，并且从反面说明何以“修身在正其心”。具体地说，人如果受到愤怒、恐惧、好乐、忧患等情绪、心态的影响，就不能正其心。

suǒ wèi xiū shēn zài zhèng qí xīn zhě shēn yǒu suǒ fèn
所谓修身在正其心者：身有所忿
zhì zé bù dé qí zhèng yǒu suǒ kǒng jù zé bù dé
懥，则不得其正；有所恐惧，则不得
qí zhèng yǒu suǒ hào lè zé bù dé qí zhèng yǒu suǒ
其正；有所好乐，则不得其正；有所
yōu huàn zé bù dé qí zhèng xīn bú zài yān shì ér bú
忧患，则不得其正。心不在焉，视而不
jiàn tīng ér bù wén shí ér bù zhī qí wèi cǐ wèi xiū
见，听而不闻，食而不知其味。此谓修
shēn zài zhèng qí xīn
身在正其心。

【释义】之所以说修养自身的品行必须先端正自己的心思，是因为心里有愤怒，心思就不能端正；心里有恐惧，心思就不能端正；心里有偏好，心思就不能端正；心里有忧虑，心思就不能端正。如果心思不在应在的地方，虽然眼睛在看，却像没有看见一样；虽然耳朵在听，却像没有听见一样；虽然嘴里在吃东西，却品尝不出什么滋味。这就是所说的修养自身的品行必须先端正自己的心思。

二子学弈

从前，有一个名叫秋的下棋名手，棋艺非常高超。他有两个学生，一起跟他学习下棋。其中一个学生非常专心，下棋时精神集中。而另一个学生却不这样，他认为下棋很容易，用不着那样认真，老师讲解的时候，他虽然也坐在那里，眼睛也好像在看棋子，可是心里却想着：“现在天空中正飞着鸿雁，我拉弓搭箭把它射下来，美餐一顿多好啊！”因为他这样胡思乱想，所以老师的讲解一点儿也没听进去。

结果，虽然两个学生在一起学习，又是同一个老师教授，然而一个成为棋艺高超的名手，另一个却一无所成。

清吴穀祥绘《对弈图》

第 九 章

【导读】 本章解释“修身齐家”，重点阐述人受情感好恶的影响，容易产生偏见。因此，致力于大学之道的君子要尽量避免个人狭隘情感带来的偏见，这样才能较为客观地处理人际关系，进而达到“齐家”的目的。

suǒ wèi qí qí jiā zài xiū qí shēn zhě rén zhī qí
所谓齐其家在修其身者：人之其
suǒ qīn ài ér pì yān zhī qí suǒ jiàn wù ér pì yān zhī
所亲爱而辟焉，之其所贱恶而辟焉，之
qí suǒ wèi jìng ér pì yān zhī qí suǒ āi jīn ér pì yān
其所畏敬而辟焉，之其所哀矜而辟焉，
zhī qí suǒ ào duò ér pì yān gù hào ér zhī qí è wù
之其所敖惰而辟焉。故好而知其恶，恶
ér zhī qí měi zhě tiān xià xiǎn yǐ gù yàn yǒu zhī yuē
而知其美者，天下鲜矣！故谚有之曰：
rén mò zhī qí zǐ zhī è mò zhī qí miáo zhī shuò
“人莫知其子之恶，莫知其苗之硕。”
cǐ wèi shēn bù xiū bù kě yǐ qí qí jiā
此谓身不修不可以齐其家。

【释义】 之所以说管理好家庭先要修养自身的品行，是因为人们对于所喜爱的人会有偏爱，对于所厌恶的人会有偏恨，对于所敬畏的人会有偏向，对于所同情的人会有偏心，对于所轻视的人会有偏见。因此，

喜爱一个人又能看到他的缺点，厌恶一个人又能看到他的优点，这种人天下是很少见的。所以有谚语说："人都不知道自己孩子的缺点，人都不满足自己庄稼的茂盛。"这就是不修养自身的品行，就管理不好家庭的道理。

邹忌讽齐王纳谏

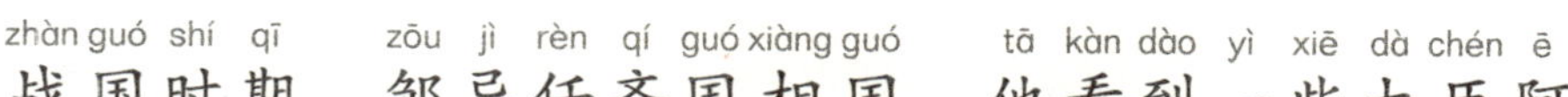

zhàn guó shí qī zōu jì rèn qí guó xiàng guó tā kàn dào yì xiē dà chén ē yú fèng cheng jiù quàn jiàn qí wēi wáng guǎng kāi yán lù

战国时期，邹忌任齐国相国。他看到一些大臣阿谀奉承，就劝谏齐威王广开言路。

zōu jì shuō wǒ céng wèn guo qī zi shì qiè hé kè rén wǒ yǔ chéng běi de xú gōng xiāng bǐ shéi měi yóu yú qī zi piān ài wǒ shì qiè jù pà wǒ kè rén yǒu qiú yú wǒ suǒ yǐ dōu shuō wǒ bǐ xú gōng měi kě dāng wǒ jiàn dào xú gōng hòu fā xiàn zì jǐ bù rú xú gōng měi zhè cái zhī

邹忌说："我曾问过妻子、侍妾和客人，我与城北的徐公相比谁美？由于妻子偏爱我，侍妾惧怕我，客人有求于我，所以都说我比徐公美。可当我见到徐公后，发现自己不如徐公美，这才知

明焦竑著《养正图解》中的插图《旌贤去奸》，讲述齐威王表彰贤人、摒除奸佞的故事

dào tā men dōu méi yǒu shuō zhēn
道他们都没有说真
huà rú jīn qí guó dì guǎng
话。如今齐国地广
qiān lǐ dà wáng rú guǒ bù
千里，大王如果不
néng kāi chéng bù gōng de zhēng
能开诚布公地征
qiú yì jiàn yòu néng tīng dào duō shao duì guó jiā yǒu yì de shí
求意见，又能听到多少对国家有益的实
huà ne
话呢？”

战国包金嵌玉银带钩

qí wēi wáng rèn
齐威王认
wéi zōu jì shuō de yǒu
为邹忌说得有
dào lǐ biàn xià lìng
道理，便下令
jiǎng shǎng zhǐ chū guó jūn
奖赏指出国君
guò shī hé xiàng cháo tíng
过失和向朝廷
tí yì jiàn de rén
提意见的人，
yì shí jiān qún chén jìn
一时间群臣进
jiàn mén tíng ruò shì
谏，门庭若市。

清吴历绘《人物故事画册》之一，根据《史记·滑稽列传》所载，描绘战国时淳于髡劝谏齐威王不要长夜饮乐，不治朝政的故事

第十章

【导读】本章解释“齐家治国”。首先论述齐家和治国的一致性，提出孝、悌、慈道德三原则从齐家到治国的作用；同时强调君主的表率作用，阐述上行下效的道理，要求君主重视自身的道德修养；最后三次引用《诗经》，进一步阐明“治国在齐家”的道理。

suǒ wèi zhì guó bì xiān qí qí jiā zhě qí jiā bù
所谓治国必先齐其家者：其家不
kě jiào ér néng jiào rén zhě wú zhī gù jūn zǐ bù chū
可教而能教人者，无之。故君子不出
jiā ér chéng jiào yú guó xiào zhě suǒ yǐ shì jūn yě
家而成教于国。孝者，所以事君也；
tì zhě suǒ yǐ shì zhǎng yě cí zhě suǒ yǐ shǐ zhòng
弟者，所以事长也；慈者，所以使众
yě kāng gào yuē rú bǎo chì zǐ xīn
也。《康诰》曰：“如保赤子。”心
chéng qiú zhī suī bú zhòng bù yuǎn yǐ wèi yǒu xué yǎng
诚求之，虽不中，不远矣。未有学养
zǐ ér hòu jià zhě yě
子而后嫁者也。

【释义】之所以说要治理好国家，必须先管理好自己的家庭，是因为不能管教好家人而能管教好别人，是从来没有的事。所以，君子不出家门，就可以教化好国民。对父母孝顺，同样可以用于侍奉君主；对兄长恭敬，同样可以用于侍奉尊长；对子女慈爱，同样可以用于善待民众。《尚书·康诰》说：“爱护百姓，就如同爱护婴儿一样。”内心真诚地追求对百姓的爱护，即使达不到目标，也不会相差太远。从来没有哪个女人先学会养育孩子再去嫁人的啊！

赵威后问齐使

战国时期，齐襄王派使者出访赵国。当时，赵孝成王年幼，其母赵威后主持朝政。赵威后见到齐国使者，问道：“齐国今年的收成还好吧？百姓安乐吧？齐王身体还好吧？”齐国使者见她这样问，不高兴地说：“在下奉国君之命，特地来

湖南长沙战国楚墓出土的战国《人物龙凤帛画》

bài fǎng nín ér nín què xiān wèn bǎi xìng zhī
拜访您，而您却先问百姓之
shì zuì hòu cái wèn hòu qí wáng nán dào
事，最后才问候齐王，难道
néng bǎ bēi jiàn de fàng zài zūn guì de qián
能把卑贱的放在尊贵的前
miàn ma
面吗？”

zhào wēi hòu cóng róng de dá dào
赵威后从容地答道：
bú shì zhè yàng de rú guǒ méi yǒu shōu
“不是这样的。如果没有收
cheng bǎi xìng kào shén me shēng huó rú guǒ méi yǒu bǎi xìng zěn me néng yǒu guó
成，百姓靠什么生活？如果没有百姓，怎么能有国
jūn suǒ yǐ wǒ cái yǒu zhè yàng de wèn hòu cì xù nǎ yǒu piē kāi gēn běn ér xiān
君？所以我才有这样的问候次序，哪有撇开根本而先
wèn zhī jié de dào lǐ qí guó shǐ zhě diǎn tóu rèn kě
问枝节的道理？”齐国使者点头认可。

战国凤鸟纹瓦当

清代年画《士农工商》，表现春秋战国时代就已定型的古代职业

yì jiā rén yì guó xīng rén yì jiā ràng yì
一家仁，一国兴仁；一家让，一
guó xīng ràng yì rén tān lì yì guó zuò luàn qí jī rú
国兴让；一人贪戾，一国作乱。其机如
cǐ cǐ wèi yì yán fèn shì yì rén dìng guó yáo shùn
此。此谓一言偾事，一人定国。尧、舜
shuài tiān xià yǐ rén ér mín cóng zhī jié zhòu shuài tiān
帅天下以仁，而民从之；桀、纣帅天
xià yǐ bào ér mín cóng zhī qí suǒ lìng fǎn qí suǒ hào
下以暴，而民从之。其所令反其所好，
ér mín bù cóng shì gù jūn zǐ yǒu zhū jǐ ér hòu qiú zhū
而民不从。是故君子有诸己，而后求诸
rén wú zhū jǐ ér hòu fēi zhū rén suǒ cáng hū shēn
人；无诸己，而后非诸人。所藏乎身
bú shù ér néng yù zhū rén zhě wèi zhī yǒu yě gù zhì
不恕，而能喻诸人者，未之有也。故治
guó zài qí qí jiā
国在齐其家。

【释义】国君一家仁爱，一国也会兴起仁爱；国君一家礼让，一国也会兴起礼让；国君一人贪婪暴戾，一国就会犯上作乱。它们之间的关系就是这样紧密。这就是说一句话可以败坏大事，一个人可以安定国家。尧、舜用仁爱统治天下，百姓就跟着他们实行仁爱；桀、纣用凶暴统治天下，百姓就跟着他们变得凶暴。如果国君的命令与他们的实际做法相反，百姓是不会服从的。所以，君子总是自己先行善，然后才要求别人行善；自己先不作恶，然后才要求别人不作恶。如果自己不奉行这种推己及人的恕道，而想让别人按自己的意思去做，那是不可能的。所以，要治理好国家，必须先管理好自己的家庭。

尧舜禅让

清人绘帝尧画像

在原始社会末期，部落联盟中的权力继承采取的是一种民主推选方式，称之为“禅让制”。尧晚年的时候，在部落联盟会议上提出了权力继承问题，有人提议传位给他的儿子丹朱，但尧认为丹朱品德不好，予以否决。经过各方部落的商定，最后推选德才兼备的舜做尧的助手，并在尧死后继任部落联盟首领。

舜守礼重教，以孝行名闻天下。任尧的助手

清人绘帝舜画像

shí wèi zhì lǐ hóng shuǐ zāi hài
时，为治理洪水灾害，
liú fàng le zhì shuǐ bú lì de gǔn
流放了治水不利的鲧，
bìng xiàng yáo tuī jiàn gǔn de ér zi yǔ
并向尧推荐鲧的儿子禹
zhì lǐ hóng shuǐ yǔ xī qǔ fù qīn
治理洪水。禹吸取父亲
zhì shuǐ shī bài de jiào xùn cǎi yòng
治水失败的教训，采用
shū dǎo de bàn fǎ lì jīng shí sān
疏导的办法，历经十三
nián zuì zhōng qǔ dé le zhì shuǐ de
年，最终取得了治水的
chénggōng yǔ yīn cǐ bèi tuī jǔ wéi
成功，禹因此被推举为
shùn de jì chéng rén yáo shùn tuī xíng de shàn ràng zhì wéi lì dài suǒ chēng sòng
舜的继承人。尧、舜推行的禅让制为历代所称颂，
tā men bèi hòu rén zūn wéi lǐ xiǎng huà de xián dé zhī rén
他们被后人尊为理想化的贤德之人。

清廖鸿章绘《历代帝王巡幸图》之帝尧卷，描绘帝尧出游康衢，儿童诵歌谣、老者击壤而歌的场景

《诗》云："桃之夭夭，其叶蓁蓁。之子于归，宜其家人。"宜其家人，而后可以教国人。《诗》云："宜兄宜弟。"宜兄宜弟，而后可以教国人。《诗》云："其仪不忒，正是四国。"其为父子兄弟足法，而后民法之也。此谓治国在齐其家。

【释义】《诗经·周南·桃夭》说："桃花开得鲜艳美丽，树叶长得葱茏茂盛，这个姑娘就要出嫁了，一定会让全家人都和睦。"只有让全家人都和睦相处，才能让一国的人都和睦相处。《诗经·小雅·蓼萧》说："兄弟和睦。"只有兄弟和睦相处，才能让一国的人都和睦相处。《诗经·曹风·鸤鸠》说："他的行为举止没有差错，可以成为各国的表率。"一个人无论是作为父亲、儿子，还是兄长、弟弟都值得人们效法时，百姓才会去效法他。这就是要治理好国家，必须先管理好自己家庭的道理。

汉代陶树灯

乐羊子妻

yuè yáng zǐ de qī zi shì hàn dài luò yáng yǒu míng de xián huì nǚ zǐ tā
乐羊子的妻子是汉代洛阳有名的贤惠女子，她
chéng shí shànliáng zhī shū dá lǐ suī rán jiā jìng pín hán dàn fēi cháng zì ài
诚实善良，知书达理，虽然家境贫寒，但非常自爱。

yí cì yuè yáng zǐ zài lù shang jiǎn dào yí kuài jīn zi gāo gāo xìng xìng de
一次，乐羊子在路上捡到一块金子，高高兴兴地
ná huí jiā jiāo gěi qī zi qī zi wèn tā jīn zi shì nǎ er lái de yuè yáng zǐ
拿回家交给妻子。妻子问他金子是哪儿来的，乐羊子
shuō shì jiǎn lái de liú xià méi guān xi qī zi yán sù de shuō bié rén de
说是捡来的，留下没关系。妻子严肃地说：“别人的
dōng xi jí shǐ shì rén jia bù xiǎo xīn diū de yě bù néng jiǎn lái dàngchéng zì jǐ
东西，即使是人家不小心丢的，也不能捡来当成自己
de wǒ tīng shuō yǒu zhì qì de rén lián míng jiào dào quán de shuǐ dōu bù hē chéng
的。我听说有志气的人连名叫‘盗泉’的水都不喝，诚
shí lián jié de rén duì yú jiǎn lái de dōng
实廉洁的人对于捡来的东
xi yě bú huì yào rú guǒ nǐ wèi le
西也不会要。如果你为了
tān tú xiǎo lì bǎ jīn zi liú xià
贪图小利，把金子留下，
jiù shì bù chéng shí de biǎo xiàn yuè
就是不诚实的表现。”乐
yáng zǐ tīng hòu fēi cháng cán kuì bǎ jīn
羊子听后非常惭愧，把金
zi rēng dào le yě dì li
子扔到了野地里。

明吕坤撰《闺范》卷三之《乐羊子妻》，描绘乐羊子在妻子的劝说下，把黄金丢到野外的场景

第十一章

【导读】本章是《大学》的最后一章，解释“治国平天下”。首先提出以身作则、推己及人和“己所不欲，勿施于人”的“絜矩之道”，然后论述君民之间的关系、君主德行与国家得失的关系，以及道德和财富的关系；进而论述“以德为宝”，主张用人唯贤；最后论述君子要忠信，重义轻利。如此，则天下太平。

suǒ wèi píng tiān xià zài zhì qí guó zhě shàng lǎo lǎo ér
所谓平天下在治其国者：上老老而
mín xīng xiào shàng zhǎng zhǎng ér mín xīng tì shàng xù gū ér
民兴孝，上长长而民兴弟，上恤孤而
mín bú bèi shì yǐ jūn zǐ yǒu xié jǔ zhī dào yě
民不倍，是以君子有絜矩之道也。

suǒ wù yú shàng wú yǐ shǐ xià suǒ wù yú xià
所恶于上，毋以使下；所恶于下，
wú yǐ shì shàng suǒ wù yú qián wú yǐ xiān hòu suǒ wù
毋以事上；所恶于前，毋以先后；所恶
yú hòu wú yǐ cóng qián suǒ wù yú yòu wú yǐ jiāo yú
于后，毋以从前；所恶于右，毋以交于
zuǒ suǒ wù yú zuǒ wú yǐ jiāo yú yòu cǐ zhī wèi xié
左；所恶于左，毋以交于右。此之谓絜
jǔ zhī dào yě
矩之道也。

【释义】之所以说要平定天下，先要治理好自己的国家，是因为在上位的人尊敬老人，百姓就会形成孝顺的风气；在上位的人尊重长辈，百姓就会形成尊重长辈的风气；在上位的人体恤孤儿，百姓就不会背叛他。所以，君子总是实行以身作则、推己及人的“絜矩之道”。

如果厌恶在上位者对你的某种行为，就不要用这种行为去对待在下位的人；如果厌恶在下位者对你的某种行为，就不要用这种行为去对待在上位的人；如果厌恶在你前面的人对你的某种行为，就不要用这种行为去对待在你后面的人；如果厌恶在你后面的人对你的某种行为，就不要用这种行为去对待在你前面的人；如果厌恶在你右边的人对你的某种行为，就不要用这种行为去对待在你左边的人；如果厌恶在你左边的人对你的某种行为，就不要用这种行为去对待在你右边的人。这就是以身作则、推己及人的“絜矩之道”。

北宋白釉刻花净瓶

宽宏待人

lǚ méng zhèng shì běi sòng míng chén yì shēng céng sān
吕蒙正是北宋名臣，一生曾三
cì chū rèn zǎi xiàng tā wéi rén zhèng zhí shàn liáng dài rén
次出任宰相，他为人正直善良，待人
kuānhóng dà liàng cóng bú jì jiào tā rén de guò cuò yě cóng
宽宏大量，从不计较他人的过错，也从
bú duì sī yuàngěnggěng yú huái
不对私怨耿耿于怀。

yǒu yí cì cháo tíng yào rèn mìng gāo guān xǔ duō dà chén dōu jí lì tuī jiàn
有一次，朝廷要任命高官，许多大臣都极力推荐
tā dàn yǒu yí wèi dà chén què jí lì fǎn duì bìng shuō le lǚ méng zhèng xǔ duō
他，但有一位大臣却极力反对，并说了吕蒙正许多

清末《历代名臣像解》中的吕蒙正画像

坏话。经过多次讨论，皇帝还是任命了吕蒙正。过后，有位朋友为吕蒙正遭人非议忿忿不平，告诉他这些情况，并要告诉他说坏话那人的姓名。吕蒙正劝阻了朋友，他说：“我不能因为私人恩怨与他争吵，如果知道他是谁，就会终身忘不了那人的过错。我不追问那人的姓名，也是为了以后能秉公办事，个人的委屈能算什么呢！”

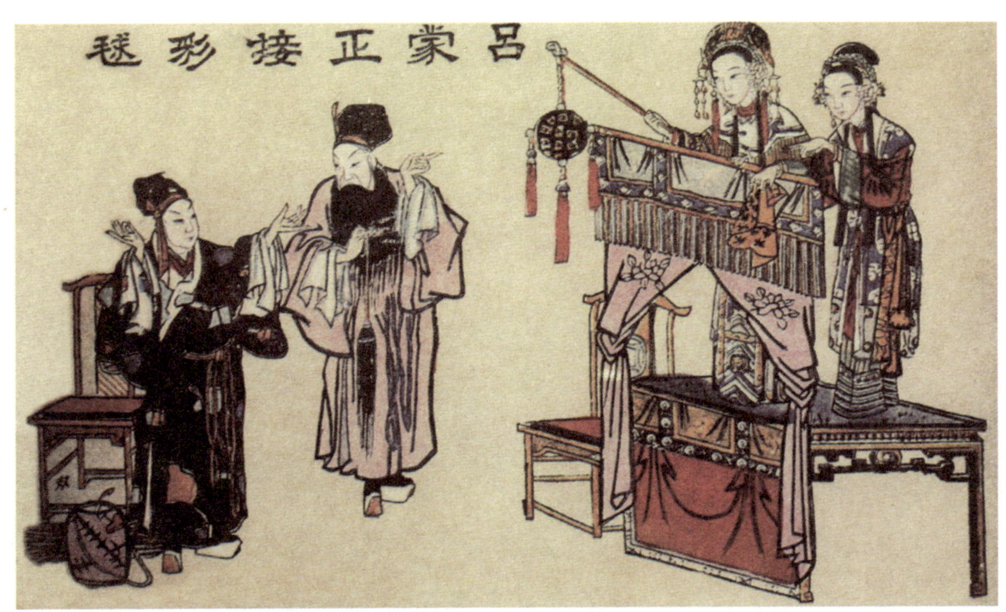

清末年画《吕蒙正接彩球》，讲述了洛阳城相国千金刘翠屏抛球择婿，选中穷秀才吕蒙正，与其相濡以沫，最终吕蒙正得中高第的故事

shī yún lè zhǐ jūn zǐ mín zhī fù
《诗》云："乐只君子，民之父
mǔ mín zhī suǒ hào hào zhī mín zhī suǒ wù wù zhī
母。"民之所好好之，民之所恶恶之，
cǐ zhī wèi mín zhī fù mǔ shī yún jié bǐ
此之谓民之父母。《诗》云："节彼
nán shān wéi shí yán yán hè hè shī yǐn mín jù ěr
南山，维石岩岩。赫赫师尹，民具尔
zhān yǒu guó zhě bù kě yǐ bú shèn pì zé wéi tiān xià
瞻。"有国者不可以不慎，辟则为天下
lù yǐ shī yún yīn zhī wèi sàng shī kè pèi
僇矣。《诗》云："殷之未丧师，克配
shàng dì yí jiàn yú yīn jùn mìng bú yì dào dé
上帝。仪监于殷，峻命不易。"道得
zhòng zé dé guó shī zhòng zé shī guó shì gù jūn zǐ xiān
众则得国，失众则失国。是故君子先
shèn hū dé
慎乎德。

【释义】《诗经·小雅·南山有台》说："快乐的国君啊，他是百姓的父母。"百姓喜欢的他也喜欢，百姓厌恶的他也厌恶，这样的国君就可以说是百姓的父母了。《诗经·小雅·节南山》说："巍峨的南山啊，岩石耸立。显赫的尹太师啊，百姓都仰望你。"治理国家的人不可不小心谨慎，一旦偏离正道，就会被天下人推翻。《诗经·大雅·文王》说："殷朝没有丧失民心的时候，还是能够与上天之命相匹配的。应该以殷朝作为鉴戒啊，要守住天命并不是一件容

易的事。”这就是说，得到民心就会得到国家，失去民心就会失去国家。所以，君子首先要注重修养德行。

周公诫伯禽 

清人绘周公画像

周公是西周初期的政治家、思想家。西周建国之初，政治形势非常复杂。为了辅佐年幼的成王，周公留在都城镐京，派儿子伯禽去管理封地鲁国。

临行前，周公告诫伯禽：“你这次去封地，首先要礼遇有才之士。我的身世和地位虽然很高贵，但为了接纳天下贤士，洗澡时曾多次握着湿头发迎接贤人。吃饭时，也曾多次放下筷子，吐出嘴里的饭，恭敬地款待他们。只有取得贤人的信任，并对他们委以重任，天下的百姓才能信服，国家才能安定啊！”周公尊贤爱才，是他政治成功的重要因素。

yǒu dé cǐ yǒu rén yǒu rén cǐ yǒu tǔ yǒu tǔ cǐ
有德此有人，有人此有土，有土此
yǒu cái yǒu cái cǐ yǒu yòng dé zhě běn yě cái zhě mò
有财，有财此有用。德者本也，财者末
yě wài běn nèi mò zhēng mín shī duó shì gù cái jù zé
也。外本内末，争民施夺。是故财聚则
mín sàn cái sàn zé mín jù shì gù yán bèi ér chū zhě
民散，财散则民聚。是故言悖而出者，
yì bèi ér rù huò bèi ér rù zhě yì bèi ér chū
亦悖而入；货悖而入者，亦悖而出。

【释义】有德行才会有百姓拥护，有百姓拥护才能拥有土地，拥有土地才能聚敛财富，聚敛财富才能供给使用。道德是根本，财富是末节。如果表面重视道德而内心却重视财物，就会与百姓争夺利益。所以，君王聚敛财物，民心就会涣散；君王散财于民，民心就会凝聚。正如你说话不讲道理，人家也会用不讲道理的话来回答你；如果财货来路不明不白，总有一天也会不明不白地失去。

冯谖焚券

zhàn guó shí qī féng xuān bèi mèng cháng
战国时期，冯谖被孟尝
jūn pài wǎng fēng dì xuē dì qù shōu zhài lín zǒu
君派往封地薛地去收债。临走

战国云纹铜犀尊

清吴友如绘《古今人物百图》之《冯生弹剑》，讲述冯谖弹剑而歌的故事

shí féng xuān wèn mèng cháng jūn shì fǒu
时，冯谖问孟尝君是否
xū yào dài xiē dōng xi huí lái mèng
需要带些东西回来，孟
cháng jūn shuō nǐ kàn zhe bàn ba
尝君说：“你看着办吧，
wǒ quē shǎo shén me nǐ jiù dài xiē shén me
我缺少什么你就带些什么
huí lái ba féng xuān dào le xuē dì
回来吧！”冯谖到了薛地
hòu jiāng zhài quàn quán bù shāo huǐ
后，将债券全部烧毁，
dé dào bǎi xìng de rè liè yōng hù
得到百姓的热烈拥护。
dāng mèng cháng jūn wèn féng xuān dài huí shén me shí féng xuān shuō wǒ dài huí le
当孟尝君问冯谖带回什么时，冯谖说：“我带回了
yì mèng cháng jūn tīng hòu hěn bù gāo xìng dàn méi yǒu shuō shén me
‘义’。”孟尝君听后很不高兴，但没有说什么。

yì nián hòu mèng cháng jūn bèi miǎn qù xiàng guó de zhí wù zhǐ hǎo fǎn huí xuē
一年后，孟尝君被免去相国的职务，只好返回薛
dì dāng dì bǎi xìng tīng shuō hòu fú lǎo
地。当地百姓听说后，扶老
xié yòu huān yíng tā féng xuān shuō zhè
携幼欢迎他。冯谖说：“这
jiù shì wǒ gěi nín dài huí yì de huí
就是我给您带回‘义’的回
bào a mèng cháng jūn zhè cái huǎng rán
报啊。”孟尝君这才恍然
dà wù tā fēi cháng gǎn jī féng xuān
大悟，他非常感激冯谖。

清末民初石印本《东周列国志》插图《孟尝君偷过函谷关》，描绘孟尝君从秦国逃出，其手下学鸡叫，从而顺利通过函谷关的场景

kāng gào yuē wéi mìng bù yú cháng
《康诰》曰："惟命不于常。"
dào shàn zé dé zhī bú shàn zé shī zhī yǐ chǔ
道善则得之，不善则失之矣。《楚
shū yuē chǔ guó wú yǐ wéi bǎo wéi shàn yǐ wéi
书》曰："楚国无以为宝，惟善以为
bǎo jiù fàn yuē wáng rén wú yǐ wéi bǎo rén qīn
宝。"舅犯曰："亡人无以为宝，仁亲
yǐ wéi bǎo
以为宝。"

【释义】《尚书·康诰》说："天命是不会始终如一的。"就是说，行善便会得到天命，不行善便会失去天命。《楚书》说："楚国没有什么可以当成宝贝，只把善德当成宝贝。"舅犯说："流亡的人没有什么可以当成宝贝，只把仁义慈爱当成宝贝。"

不贪为宝

良渚文化玉琮

chūn qiū shí qī sòng guó yǒu gè jiào zǐ hǎn
春秋时期，宋国有个叫子罕
de guān yuán tā pǐn dé gāo shàng wéi zhèng qīng
的官员，他品德高尚，为政清
lián cóng bù jiē shòu bié rén de lǐ wù zài bǎi
廉，从不接受别人的礼物，在百

南宋马远绘《岁寒三友图》，岁寒三友，指松、竹、梅三种植物。因这三种植物在寒冬时节仍可保持顽强的生命力而得名，是中国传统文化中高尚人格的象征

姓中很有威望。

一次，一个宋国人怀藏宝玉，兴冲冲地找到子罕说：“我久闻大人是勤政爱民的好官，特地将宝玉献给您，以表达我的敬慕之心，希望您能收下。”子罕接过宝玉看了看，说：“你还是拿走吧，我不能收。”献宝人以为子罕不识货，子罕笑着说：“我以不贪为宝，你以玉为宝，假如你将玉给了我，我们

两人岂不都失去了宝。”献宝人听后十分感激。子罕以不贪为宝，其高尚的品德，成为后人学习的榜样。

春秋蟠螭纹豆

qín shì yuē ruò yǒu yí jiè chén duàn
《秦誓》曰："若有一介臣，断
duàn xī wú tā jì qí xīn xiū xiū yān qí rú yǒu róng
断兮无他技，其心休休焉，其如有容
yān rén zhī yǒu jì ruò jǐ yǒu zhī rén zhī yàn shèng
焉。人之有技，若己有之；人之彦圣，
qí xīn hào zhī bú chì ruò zì qí kǒu chū shí néng róng
其心好之，不啻若自其口出，寔能容
zhī yǐ néng bǎo wǒ zǐ sūn lí mín shàng yì yǒu lì zāi
之。以能保我子孙黎民，尚亦有利哉！
rén zhī yǒu jì mào jí yǐ wù zhī rén zhī yàn shèng ér
人之有技，媢嫉以恶之；人之彦圣，而
wéi zhī bǐ bù tōng shí bù néng róng yǐ bù néng bǎo wǒ
违之俾不通，寔不能容。以不能保我
zǐ sūn lí mín yì yuē dài zāi
子孙黎民，亦曰殆哉！"

【释义】《尚书·秦誓》说："如果有这样一位大臣，忠诚老实，却没有什么特别的本领，但他心胸宽广，有容人之量。别人有本领，就如同他自己有本领一样；别人德才兼备，他心悦诚服，不只是嘴上说说，而是从心底赞赏人家。用这样的人可以保护我的子孙和百姓，对国家来说是有利的！相反，如果别人有本领，他就妒嫉、厌恶人家；别人德才兼备，他便想方设法压制、排挤人家，无论如何不能容纳贤德之人。用这样的人不能保护我的子孙和百姓，对国家来说是很危险的！"

马革裹尸

清人绘马援画像

东汉时，马援英勇善战，为建立东汉和保卫边疆立下了赫赫战功。有一次，他刚刚南征交趾（今五岭以南至越南北部）归来，听说北方匈奴和乌桓又来侵扰边境，便主动请求出征。朋友孟冀见他年岁已大，劝他不要再上阵出征了。马援慷慨激昂地说：“有志男儿应该为国杀敌，战死疆场，尸体不需要棺材装殓，只用死去的战马皮包裹着回来埋葬就可以了，怎么能躺在家里的床上，死在儿女身边呢？”

后来，在征讨武陵五溪少数民族时，马援死在军中，实现了他马革裹尸的誓言。

wéi rén rén fàng liú zhī bǐng zhū sì yí bù yǔ
唯仁人放流之，迸诸四夷，不与
tóng zhōng guó cǐ wèi wéi rén rén wéi néng ài rén néng wù
同中国。此谓唯仁人为能爱人，能恶
rén jiàn xián ér bù néng jǔ jǔ ér bù néng xiān màn
人。见贤而不能举，举而不能先，命
yě jiàn bú shàn ér bù néng tuì tuì ér bù néng yuǎn
也；见不善而不能退，退而不能远，
guò yě hào rén zhī suǒ wù wù rén zhī suǒ hào shì wèi
过也。好人之所恶，恶人之所好，是谓
fú rén zhī xìng zāi bì dài fú shēn shì gù jūn zǐ yǒu dà
拂人之性，菑必逮夫身。是故君子有大
dào bì zhōng xìn yǐ dé zhī jiāo tài yǐ shī zhī
道，必忠信以得之，骄泰以失之。

春秋龙耳虎足铜方壶

【释义】因此，有仁德的人会把这种小人流放到边远的四夷之地，不让他们居住在中原。这就是说有德之人知道亲近什么人，憎恨什么人。如果发现贤才而不能举荐，举荐了又不能优先重用，这是轻慢；发现不善之人而不能罢免，罢免了而不能把他驱逐得远远的，这是过错。喜欢众人所厌恶的，厌恶众人所喜欢的，这是违背人的本性，灾难必然要降临到自己身上。所以，君子治国有正确的法则：忠诚守信，便会获取天下；骄纵奢侈，便会失去天下。

祁奚荐贤

山西侯马晋国遗址出土的铜盖鼎

春秋时期，晋国有一位贤德的大夫叫祁奚，为人正直，心胸坦荡。当时，祁奚因年老辞职，晋悼公问谁可以接替他的职位，祁奚推荐了解狐。晋悼公诧异地问：“听说解狐是你的仇人呀！”祁奚说：“大王只是问谁可以接替我的职位，并没有说我的仇人不可以接替这个职位呀！”正当准备任命解狐时，解狐因病去世。祁奚又向晋悼公推荐了儿子祁午。结果，祁午上任后，十分称职。

孔子知道这件事后，称赞说：“祁奚推荐人只看才德，不论亲仇，真可以称得上大公无私啊！”

曲阜衍圣公府藏明人绘孔子画像

shēng cái yǒu dà dào shēng zhī zhě zhòng shí zhī zhě
生财有大道：生之者众，食之者
guǎ wéi zhī zhě jí yòng zhī zhě shū zé cái héng zú
寡，为之者疾，用之者舒，则财恒足
yǐ rén zhě yǐ cái fā shēn bù rén zhě yǐ shēn fā cái
矣。仁者以财发身，不仁者以身发财。
wèi yǒu shàng hào rén ér xià bú hào yì zhě yě wèi yǒu
未有上好仁，而下不好义者也；未有
hào yì qí shì bù zhōng zhě yě wèi yǒu fǔ kù cái fēi
好义，其事不终者也；未有府库财非
qí cái zhě yě
其财者也。

【释义】创造财富也有正确的途径：从事生产的人多，消耗财富的人少，创造财富的人勤奋，消耗财富的人节省，那么财富就会永远充足。仁德的人仗义疏财以修养自身的德行，不仁德的人不惜以生命为代价去聚敛财富。没有在上位者喜爱仁德，而在下位者却不喜好道义的；没有喜好道义而做事却半途而废的；没有国库里的财物不是属于国君的。

仁德传家

fàn zhòng yān shì běi sòng zhèng zhì jiā wén xué jiā dú shū shí suī rán qióng
范仲淹是北宋政治家、文学家，读书时虽然穷

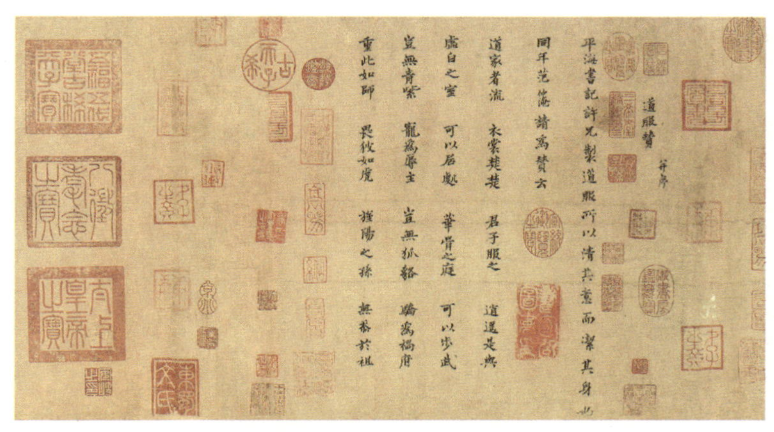

范仲淹手书《道服赞》并序

苦，心里却想着救济众人。做了宰相后，便把俸禄全部拿出来购置义田，赡养宗族中的贫寒之人。他买了苏州南园作为住宅，听风水先生说这里风水极好，便将房子捐出来当作学宫。

范仲淹出将入相几十年，所得俸禄多用作布施救济之用，因此家用极为节俭，死的时候甚至连丧葬费都不够。他的几个儿子，虽然位列公卿，但能继承父亲的传统，仁德传家，平日在家身穿素布衣服，所得俸禄也多用于救济众人。

清末《历代名臣像解》中的范仲淹画像

mèng xiàn zǐ yuē　xù mǎ shèng　bù chá yú jī
孟献子曰："畜马乘，不察于鸡
tún　fá bīng zhī jiā　bú xù niú yáng　bǎi shèng zhī
豚；伐冰之家，不畜牛羊；百乘之
jiā　bú xù jù liǎn zhī chén　yǔ qí yǒu jù liǎn zhī chén
家，不畜聚敛之臣。与其有聚敛之臣，
nìng yǒu dào chén　cǐ wèi guó bù yǐ lì wéi lì　yǐ yì
宁有盗臣。"此谓国不以利为利，以义
wéi lì yě　zhǎng guó jiā ér wù cái yòng zhě　bì zì xiǎo rén
为利也。长国家而务财用者，必自小人
yǐ　bǐ wéi shàn zhī　xiǎo rén zhī shǐ wéi guó jiā　zāi hài
矣。彼为善之，小人之使为国家，菑害
bìng zhì　suī yǒu shàn zhě　yì wú rú zhī hé yǐ　cǐ wèi
并至。虽有善者，亦无如之何矣！此谓
guó bù yǐ lì wéi lì　yǐ yì wéi lì yě
国不以利为利，以义为利也。

【释义】孟献子说："能够喂养得起四匹马拉车的大夫之家，就不再计较养鸡养猪的事；祭祀能够用冰的卿大夫之家，就不再喂养牛羊来牟利；拥有百辆兵车的诸侯之家，就不再豢养搜刮民财的家臣。与其有搜刮民财的家臣，还不如有偷盗东西的家臣。"这就是说，国家不应该把财货作为利益，而应该把仁义作为利益。做了国君还一心想着聚敛财富，一定是有小人在诱导。而国君还以为这些小人是好人，让他们去处理国家大事，结果天灾人祸一齐降临。这时即使有贤能的人，也没有办法改变现状了。所以，国家不应该把财货作为利益，而应该把仁义作为利益。

李林甫误国

李林甫是唐代的奸相，善于察言观色，曲意逢迎。他深知要巩固自己的地位，就必须讨得皇帝的欢心，于是便想方设法做让皇帝高兴的事。唐玄宗对他十分信任和宠爱，李林甫执掌朝政长达十九年之久。

明人绘唐玄宗画像

李林甫嫉妒心很强，对有才能的人恨之入骨，总是想尽办法除掉他们。虽然他表面上对这些人十分和善，但心里却时时在盘算着害人的诡计，所以一些人被害以后并未察觉。张九龄、李适之等人先后遭他陷害而被罢官。后来，李林甫的这种伪善面目被人们识破，大家都说他是一个“口有蜜，腹有剑”的人。唐玄宗晚年政治腐败，国无良臣，以致后来发生安史之乱，国势转衰，很大程度上都与李林甫有关。

中　庸

清丁观鹏绘《太平春市图》（局部）

第一章

【导读】本章是《中庸》全篇的总纲。作者首先阐述了禀赋、修道、教化之间的关系，然后讲到君子要具备“戒慎”“恐惧”“慎独”等省察的功夫，最后认为达到“中和”就可以使万物生生不息。从第二章到第十一章，都是对本章内容的阐释。

tiān mìng zhī wèi xìng shuài xìng zhī wèi dào xiū dào zhī wèi jiào dào yě zhě bù kě xū yú lí yě kě lí fēi dào yě shì gù jūn zǐ jiè shèn hū qí suǒ bù dǔ kǒng jù hū qí suǒ bù wén mò xiàn hū yǐn mò xiǎn hū wēi gù jūn zǐ shèn qí dú yě

天命之谓性，率性之谓道，修道之谓教。道也者，不可须臾离也；可离，非道也。是故君子戒慎乎其所不睹，恐惧乎其所不闻。莫见乎隐，莫显乎微。故君子慎其独也。

【释义】上天赋予人的禀赋叫作“性”，遵循本性行动叫作“道”，按照“道”去修养叫作“教”。“道”是不可以片刻离开的，如果能片刻离开，那就不是“道”了。所以，君子在没有人看见的地方也是警戒谨慎的，在没有人听见的地方也是恐慌畏惧的。越是隐蔽的地方事情越容易显露，越是细微的东西越容易显现。因此君子在独处时要谨慎啊！

坚持道义

明刻本《三才图会》中的许衡画像

许衡是元朝理学家，自幼酷爱学习。虽然身处乱世，家里遭灾，他还是利用一切机会努力学习，并把所学的知识贯彻到日常的行为之中。

一年夏天，许衡和几个朋友路过河阳时，大家非常口渴，见路边树上结满了梨子，便争相爬上树摘着吃。唯独许衡坐在树下，像没看见树上的梨似的。朋友们都讥笑他说：“你这个傻瓜，世道这么乱，这些梨树肯定没有主人。”许衡却说：“梨树没有主人，难道我的心也没有吗？我要坚持道义，永不放弃。”他正是这样实践着自己的信义，最终成就了一番事业。

xǐ nù āi lè zhī wèi fā wèi zhī zhōng fā ér
喜怒哀乐之未发，谓之中；发而
jiē zhòng jié wèi zhī hé zhōng yě zhě tiān xià zhī dà
皆中节，谓之和。中也者，天下之大
běn yě hé yě zhě tiān xià zhī dá dào yě zhì zhōng
本也；和也者，天下之达道也。致中
hé tiān dì wèi yān wàn wù yù yān
和，天地位焉，万物育焉。

【释义】 喜、怒、哀、乐没有表现出来的时候，称为“中”。表现出来以后符合常理，称为“和”。“中”是天下的根本，“和”是通贯天下的原则。达到“中和”的境界，天地便各在其位，万物便生长发育了。

仁者自爱

zǐ xià shì kǒng zǐ de xué shēng yǐ wén xué
子夏是孔子的学生，以文学
zhù chēng cái sī mǐn jié kǒng zǐ qù shì hòu
著称，才思敏捷。孔子去世后，
zǐ xià zài wèi guó xī hé jiāo xué cóng xué zhě chāo
子夏在魏国西河教学，从学者超
guò sān bǎi rén yǐngxiǎng jù dà
过三百人，影响巨大。

清人绘子夏画像

明阙名撰《孔门儒教列传》中的《魏文侯师子夏》，描绘子夏名满西河，魏文侯以他为师的场景

子夏晚年，因丧子悲痛过度，导致双目失明。曾子前去探望，子夏悲愤地说：“我并没有罪过，为什么让我承受这样的苦难呢？”曾子说：“你怎么没有罪过呢？你离开朋友，只看重树立自己的名声，这是不仁；你居亲人之丧，只顾自己悲痛，却不在意天下苍生的苦难，这是不义；儿子死了却哭瞎双眼，不能保全父母给予的身体，这是不孝。”子夏听后，恳切地说：“我错了，我离开朋友太久了。”

南宋佚名绘《孔子弟子像卷》中的子贡、子夏（右）画像

第二章

【导读】本章引孔子之言，论述了君子与小人对中庸的不同态度及其原因。君子坚持中庸，因为君子随时处于中道；小人违反中庸，因为小人做事肆无忌惮。

zhòng ní yuē jūn zǐ zhōng yōng xiǎo rén fǎn
仲尼曰：“君子中庸，小人反
zhōngyōng jūn zǐ zhī zhōngyōng yě jūn zǐ ér shí zhōng
中庸。君子之中庸也，君子而时中；
xiǎo rén zhī fǎn zhōngyōng yě xiǎo rén ér wú jì dàn yě
小人之反中庸也，小人而无忌惮也。”

【释义】孔子说：“君子的言行合乎中庸标准，小人的言行违背中庸标准。君子能做到中庸，是因为他做事时时恰如其分；小人违背中庸，是因为他做事肆无忌惮。”

清人绘朱熹画像

容人雅量

zhū xī hé lù jiǔ yuān shì nán sòng shí qī de sī xiǎng jiā lù jiǔ yuān bǐ jiào
朱熹和陆九渊是南宋时期的思想家，陆九渊比较

朱熹书法作品《城南唱和诗卷》（局部）

偏重“尊德性”，认为不要多做读书穷理的功夫；而朱熹则比较看重“道问学”，认为应从博览群书和对外物的观察来启发内心的知识，他们之间曾有过一场著名的辩论。

1175年，在信州（今江西上饶）鹅湖寺举行了一场哲学辩论会，陆九渊兄弟和朱熹见面时拿出他们作的诗给朱熹看，朱熹认为他们的诗有讽刺自己的意思，于是当即赋诗反击。

朱熹晚年非常后悔当时的做法，承认自己的见解确有不足之处，而陆九渊也很自责，朱熹更是在一篇文章中赞扬了陆九渊的观点，体现了他的容人雅量。

明人绘陆九渊画像

第 三 章

【导读】 本章孔子称颂中庸是最高的德行，感慨现在的人们已很难做到。因为中庸是最高的德行，所以人们是很难做到的。如果能随随便便做到中庸，那么它就不是最高的德行了。

zǐ yuē zhōng yōng qí zhì yǐ hū mín xiǎn néng
子曰："中庸其至矣乎！民鲜能
jiǔ yǐ
久矣。"

【释义】孔子说："中庸可以说是最高的德行了！百姓中很少有人能做到，这种情况已经很久了。"

选才之道

战国嵌金银鸟耳壶

zhàn guó shí qī wèi guó jīng cháng zāo shòu zhōu
战国时期，卫国经常遭受周
wéi dà guó de qīn rǎo zǐ sī duì wèi hóu shuō gǒu
围大国的侵扰。子思对卫侯说："苟
biàn néng zhēng shàn zhàn kě yǐ tǒng shuài dà jūn kàng jī
变能征善战，可以统率大军抗击

清人绘子思画像

敌人。”卫侯说：“我也知道苟变能征善战，可是他做官的时候，曾经从百姓那里搜刮东西吃，所以我不用他统率军队。”

子思说：“古代的贤君选用人才，就像木匠使用木材一样。几丈粗的杞木和梓材，虽然中间有几尺已经腐坏，可高明的木匠只把腐坏的部分丢弃，而不会把整个木材丢掉。选用人才也是这样，不能因为小过而舍弃贤才啊！现在各国都在招贤纳士，您却因为一点儿小问题而舍弃将才，这事怎能让邻国知道呢？”卫侯听罢恍然大悟，随即任命苟变为将军。

明阙名撰《孔门儒教列传》中的《子思困宋作中庸》，描绘子思被困宋国时创作《中庸》的场景

第　四　章

【导读】　在本章中，孔子试图解答中庸很难做到的原因，因为人们要么做得太过，要么做得不及。

zǐ yuē　dào zhī bù xíng yě　wǒ zhī zhī yǐ
子曰：“道之不行也，我知之矣：
zhì zhě guò zhī　yú zhě bù jí yě　dào zhī bù míng yě
知者过之，愚者不及也。道之不明也，
wǒ zhī zhī yǐ　xián zhě guò zhī　bú xiào zhě bù jí yě
我知之矣：贤者过之，不肖者不及也。
rén mò bù yǐn shí yě　xiǎn néng zhī wèi yě
人莫不饮食也，鲜能知味也。”

【释义】孔子说：“中庸之道不能实行的原因，我知道了：聪明的人做得太过分，愚蠢的人又做不到。中庸之道不能彰显的原因，我知道了：贤明的人做得太过分，不贤的人又做不到。就像人们没有谁不吃不喝，但很少有人能够真正品尝出其中的滋味啊。”

山西曲沃晋国遗址出土的春秋铜钟

清末民初石印本《东周列国志》插图《贺虒祁师旷辨新声》，描绘晋平公在虒祁之台设宴招待卫灵公，师旷辨识卫国乐师弹奏亡国之音的故事

天下五墨

师旷是春秋时期晋国乐师，虽双目失明，但善弹琴辨音，且学识渊博。一天，晋平公感叹道："您聪明智慧，却不幸眼盲，无法看到外面精彩的世界。"

师旷说："这其实没什么，眼盲并不是天下最严重的昏暗。天下有五种昏暗：官吏以权谋私，百姓走投无路，国君却不闻不问，这叫昏庸；忠臣不得重用，奸佞高居要位，国君却不知不晓，这叫昏聩；奸臣欺上瞒下，贤人遭受诬陷，国君却不觉不察，这叫昏墨；国家积贫积弱，百姓负担沉重，国君却好大喜功，这叫昏暗；官吏贪赃枉法，百姓无法安居，国君却不明不白，这叫昏昧。相比之下，我这点不幸算什么呢？"

第五章

【导读】 在本章中，孔子用猜测的口气提出：中庸之道大概是不能实行了吧。

zǐ yuē dào qí bù xíng yǐ fú
子曰：“道其不行矣夫！”

【释义】孔子说：“中庸之道大概是不能实行了！”

红顶商人

hú xuě yán shì qīng cháo zhù míng de shāng rén chū shēn pín hán nián qīng shí zài yì jiā qián zhuāng dāng pǎo jiē duì wài dōu lǎn yè wù hé dǎ ting háng qíng de rén yì tiān tā yù dào qióng kùn liáo dǎo de wáng yǒu líng jiàn tā qì dù bù fán biǎo shì yuàn yì zī zhù tā

胡雪岩是清朝著名的商人，出身贫寒，年轻时在一家钱庄当跑街（对外兜揽业务和打听行情的人）。一天，他遇到穷困潦倒的王有龄，见他气度不凡，表示愿意资助他

清胡雪岩旧照

浙江杭州胡雪岩故居

jìn jīng móuguān bìng bǎ gāngshōu de wǔ bǎi liǎng yín zi jiè gěi le tā
进京谋官，并把刚收的五百两银子借给了他。

wáng yǒu líng ná qián jìn jīng zhǎo dào gù jiāo dāngshàng le zhè jiāngliáng tái
王有龄拿钱进京，找到故交，当上了浙江粮台
zǒng bàn wáng yǒu líng yí shàng rèn biàn qù zhǎo hú xuě yán ràng tā cí qù gōng zuò
总办。王有龄一上任便去找胡雪岩，让他辞去工作，
zì bàn qiánzhuāng hú xuě yán hěn yǒu jīng shāng cái néng qiánzhuāng bàn de hónghóng huǒ
自办钱庄。胡雪岩很有经商才能，钱庄办得红红火
huǒ zài jiāng zhè yí dài lǒng duàn jīn róng cāo zòng
火，在江浙一带垄断金融，操纵
shāng yè tóng shí tā cóng shì duì wài mào yì yòu
商业。同时，他从事对外贸易又
jiān yíng yào cái chéng wéi guó jì yào yè shì chǎng de jù
兼营药材，成为国际药业市场的巨
tóu yóu yú hú xuě yán lǚ jiàn qí xūn bèi huáng dì
头。由于胡雪岩屡建奇勋，被皇帝
shǎng cì yī pǐn dǐng dài hé huáng mǎ guà chéng wéi zhù
赏赐一品顶戴和黄马褂，成为著
míng de hóngdǐngshāng rén
名的“红顶商人”。

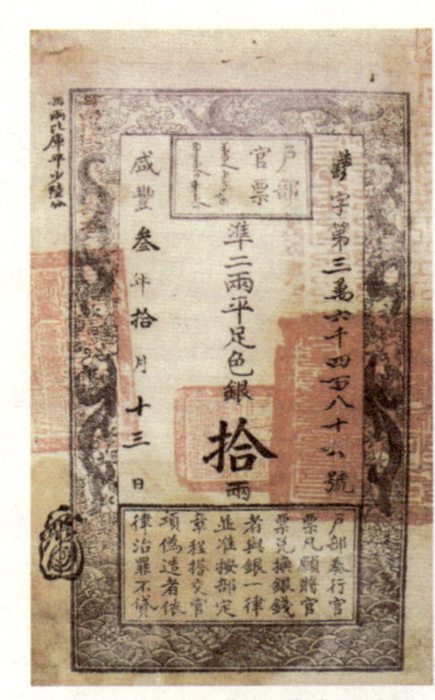

清咸丰年间户部官票拾两银票

第六章

【导读】在本章中，孔子以舜为例，认为他既好问，又善于省察浅近的话，还会隐恶扬善，用中庸之道治理百姓，说明中庸之道是能够实行的。

zǐ yuē shùn qí dà zhì yě yú shùn hào wèn ér
子曰：“舜其大知也与！舜好问而
hào chá ěr yán yǐn è ér yáng shàn zhí qí liǎng duān
好察迩言，隐恶而扬善，执其两端，
yòng qí zhōng yú mín qí sī yǐ wéi shùn hū
用其中于民，其斯以为舜乎！”

【释义】孔子说：“舜可以说是一位有大智慧的人吧！他喜爱向人请教问题，又善于分析浅近话语中的含义，他隐藏别人的坏处，宣扬别人的好处，把握好‘过’与‘不及’两种极端情况，用中庸之道治理百姓，这就是舜之所以成为舜的原因吧！”

大智虞舜

yú shùn shì shàng gǔ bù luò lián méng lǐng xiù fù qīn gǔ sǒu yú mèi wú
虞舜是上古部落联盟领袖，父亲瞽瞍愚昧无

知，继母嚣张放肆，弟弟傲慢无礼。他们总想杀掉舜，但都被舜躲过，而舜宽容他们，并不计较。

舜在历山耕种庄稼时，大象赶过来帮他耕地，飞鸟围过来帮他锄草。后来，父母让他在河边制造陶器，陶器不会破裂；让他到雷泽去捕鱼，遭遇大风雷雨，却安然无恙。尧听说这些事以后，让九个儿子和舜交往，同时将两个女儿娥皇和女英嫁给舜。尧还屡用艰难之事试探他，舜每次都能顺利过关。舜辅佐尧二十八年，举贤任能，把国家治理得很太平。尧觉得舜是可信赖的人，便把帝位禅让给了他。

清廖鸿章绘《历代帝王巡幸图》之帝舜卷，描绘舜巡行四方，登上东岳泰山的场景

第七章

【导读】

在本章中，作者用比兴的方法，阐述了人们因为受物欲的蒙蔽，而难以实行中庸之道的现实。

zǐ yuē rén jiē yuē yú zhì qū ér nà zhū gǔ huò xiàn jǐng zhī zhōng ér mò zhī zhī bì yě rén jiē yuē yú zhì zé hū zhōng yōng ér bù néng jī yuè shǒu yě

子曰："人皆曰'予知'，驱而纳诸罟、擭、陷、阱之中，而莫之知辟也。人皆曰'予知'，择乎中庸，而不能期月守也。"

【释义】孔子说："人人都说自己聪明，可是被驱赶到罗网、陷阱之中，却又不知道躲避。人人都说自己聪明，可是选择了中庸之道，却连一个月也不能坚持。"

清法若真绘《雪室读书图》（局部）

映雪读书

清王玉如所篆闲章《人生惟有读书好》

东晋时有一个叫孙康的人，从小家里就很穷，连灯油也买不起，虽然这样，他还是想尽办法读书。

一个大雪纷飞的冬夜，孙康实在睡不着，就拿出一本书在月光下看，可是看了不一会儿，就感到两眼发胀。后来他干脆趴到雪地上，积雪像一面镜子，把书上的字照得清晰多了。孙康惊喜万分，趴在地上一动不动地看书，忘记了寒冷。从此以后，凡是有月光的雪夜，孙康就用这种办法来读书。长大后，凭着苦读学到的知识，孙康成为一名大学问家，并最终做到御史大夫的高官。

清末民初周慕桥所绘《飞影阁丛画》中的《映雪读书》图

第 八 章

【导读】 在本章中，颜回因为努力践行中庸之道，受到孔子的高度称赞。

zǐ yuē huí zhī wéi rén yě zé hū zhōngyōng
子曰：“回之为人也，择乎中庸，
dé yí shàn zé quánquán fú yīng ér fú shī zhī yǐ
得一善，则拳拳服膺而弗失之矣。”

【释义】孔子说：“颜回就是这样一个人，他选择了中庸之道，得到一条好的道理，就牢记在心上，再也不让它失去。”

颜回安贫

kǒng zǐ rèn wéi zài suǒ yǒu de xué shēng
孔子认为，在所有的学生
zhōng yán huí suī rán jiā jìng pín hán dàn dé xíng
中，颜回虽然家境贫寒，但德行
zuì hǎo yě zuì hào xué tā cháng yǐ yán huí
最好，也最好学。他常以颜回

清人绘颜回画像

明阙名撰《孔门儒教列传》之《颜回陋巷乐道》，描绘颜回居陋巷安贫乐学的场景

做榜样，教育其他弟子。

有一次，孔子去鄁邑半个多月，回来时发现颜回面黄肌瘦，到他家里看过后，感慨地对学生们说：“颜回这个人真是太贤良了！一竹筐饭，一瓢清水，住在简陋的小巷子里，别人忧愁得受不了，颜回却安心学习，一直感到满足和快乐。”接着，孔子又说：“尽管箪食瓢饮，为何颜回学业不断进步？因为他始终把安贫乐道作为自己的精神寄托啊！”对颜回给予了很高评价。

清刻本《孔子圣迹图》中的孔子与颜回画像

第九章

【导读】本章论述了中庸难以实行的情况。作者认为智者可以治理国家，仁者可以推辞爵位和俸禄，勇者可以脚踩利刃，但智、仁、勇兼备的人却不一定能做到中庸。

zǐ yuē tiān xià guó jiā kě jūn yě jué lù kě
子曰："天下国家可均也，爵禄可
cí yě bái rèn kě dǎo yě zhōngyōng bù kě néng yě
辞也，白刃可蹈也，中庸不可能也。"

【释义】孔子说："天下国家是可以治理的，官爵和俸禄是可以放弃的，锋利的刀刃是可以踩踏的，但中庸之道却不容易做到。"

观器论道

chūn qiū shí qī kǒng zǐ zài lǔ huángōng de
春秋时期，孔子在鲁桓公的
zōngmiào li cān guān shí kàn dào yì zhǒng qīng xié ér
宗庙里参观时，看到一种倾斜而
bù róng yì fàng zhèng de róng qì biàn wèn shǒu miào
不容易放正的容器，便问守庙

南宋马远绘孔子画像（局部）

明焦竑著《养正图解》中的插图《敧器示戒》，描绘孔子与学生在鲁桓公宗庙观看敧器，孔子教育学生要注重谦卑的场景

人这是什么器具。守庙人说：“这是宥坐之器（放在座位右边用以警戒自己的器具）。”孔子说：“我听说这种器具空的时候就倾斜，装上一半水就端正，装满了水就翻倒。”

孔子回过头对学生们说：“不信你们灌水试一试！”于是，学生们舀水往器具里面灌，灌到一半时，器具就端正；灌满了水，器具就翻倒了。孔子感慨地说：“哪有满了而不翻倒的？看来，做人一定要保持谦虚的态度，骄傲自满定会招致失败啊！”

明刻本《孔子圣迹图》之《观器论道》，描绘孔子与学生在鲁桓公宗庙观看敧器，并一起讨论的场景

第　十　章

【导读】在本章中，孔子和子路讨论了“强”的问题。孔子没有直接给子路明确的答案，而是采用启发的方式，让子路自己去体会什么是真正的“强”。在孔子心中，真正的“强”一定是合乎中庸的精神，过与不及都不可取。

zǐ lù wèn qiáng zǐ yuē nán fāng zhī qiáng
子路问强。子曰：“南方之强

yú běi fāng zhī qiáng yú yì ěr qiáng yú kuān róu
与？北方之强与？抑而强与？宽柔

yǐ jiào bú bào wú dào nán fāng zhī qiáng yě jūn zǐ
以教，不报无道，南方之强也，君子

jū zhī rèn jīn gé sǐ ér bú yàn běi fāng zhī qiáng
居之。衽金革，死而不厌，北方之强

yě ér qiáng zhě jū zhī gù jūn zǐ hé ér bù liú
也，而强者居之。故君子和而不流，

qiáng zāi jiǎo zhōng lì ér bù yǐ qiáng zāi jiǎo guó yǒu
强哉矫！中立而不倚，强哉矫！国有

dào bú biàn sè yān qiáng zāi jiǎo guó wú dào zhì sǐ
道，不变塞焉，强哉矫！国无道，至死

bú biàn qiáng zāi jiǎo
不变，强哉矫！”

【释义】子路问孔子什么是强。孔子说：“你问的是南方的强呢？北方的强呢？还是你认为的强呢？用宽容柔和的精神感化人，别人不讲道理也不报复，这是南方的强，君子具有这种强。用兵器甲胄当枕席，死了也不后悔，这是北方的强，勇武好斗的人具有这种强。所以君子和顺而不随波逐流，这才是真正的强啊！保持中立而不偏不倚，这才是真正的强啊！国家政治清明，不改变志向，这才是真正的强啊！国家政治混乱，宁死不变操守，这才是真正的强啊！”

史鱼刚直 

春秋末年，卫国有个著名的史官，名鳍，字子鱼，以正直敢谏著称。当时，卫灵公任用宠臣弥

明阙名撰《孔门儒教列传》之《史鱼以尸谏君》，描绘史鱼临死之前，还艰难地命人向国君阐述自己意见的场景

清末《历代名臣像解》中的史鱼画像

子瑕，把朝廷搞得乌烟瘴气，很多有才能的大臣得不到重用。史鱼是朝中最敢说话的人，曾冒着生命危险，多次指出卫灵公的缺点。他知道大夫蘧伯玉知书达理，曾多次向卫灵公举荐，但卫灵公都不听。可他现在已经病得很重，临死之前，还艰难地命人写下遗书，要求卫灵公摒退弥子瑕，任用蘧伯玉主持朝政。

孔子知道这件事后，评论说："好一个刚直不屈的史鱼，政治清明时像箭一样直，政治黑暗时也像箭一样直。"

清末《历代名臣像解》中的蘧伯玉画像

第十一章

【导读】 在本章中，作者谈论了三种人，追求扬名和半途而废的人，孔子都不赞成。行为合乎中庸之道，虽默默无闻却不后悔的人，孔子认为可以称得上是“圣者”。

zǐ yuē suǒ yǐn xíng guài hòu shì yǒu shù yān
子曰：“素隐行怪，后世有述焉，
wú fú wéi zhī yǐ jūn zǐ zūn dào ér xíng bàn tú ér
吾弗为之矣。君子遵道而行，半涂而
fèi wú fú néng yǐ yǐ jūn zǐ yī hū zhōng yōng dùn
废，吾弗能已矣。君子依乎中庸，遁
shì bú jiàn zhī ér bù huǐ wéi shèng zhě néng zhī
世不见知而不悔，唯圣者能之。”

【释义】孔子说：“探寻隐僻的道理，做些怪诞的事情，后世也许会有人称赞他，但我是绝不会这样做的。君子按照中庸之道去做事，但有的人却半途而废，而我是决不会停止的。君子遵循中庸之道，即使默默无闻不被人知道也不后悔，只有圣人才能做得到。”

金代许由故事镜图案

许 由 洗 耳

台北故宫博物院藏帝尧画像

xǔ yóu shì shàng gǔ chuán shuō zhōng de yí wèi yǐn
许由是上古传说中的一位隐
shì pǐn xíng gāo jié dàn bó míng lì yíng dé dì
士，品行高洁，淡泊名利，赢得帝
yáo de zūn zhòng bù jǐn duō cì xiàng tā qǐng jiào chǔ shì
尧的尊重，不仅多次向他请教处世
wéi jūn zhī dào shèn zhì xiǎng bǎ shǒu lǐng zhī wèi shàn ràng
为君之道，甚至想把首领之位禅让
gěi tā xǔ yóu wú yì gōng míng lì lù tuī cí bú
给他。许由无意功名利禄，推辞不
qù bìng qiě táo dào yǐng shuǐ zhī bīn de jī shān jiǎo xià
去，并且逃到颍水之滨的箕山脚下
yǐn jū
隐居。

hòu lái dì yáo yòu pài shǐ zhě qù qǐng xǔ yóu dān rèn jiǔ zhōu zhǎng xǔ yóu
后来，帝尧又派使者去请许由担任九州长，许由
jué de shǐ zhě lái qǐng tā zuò guān de huà bù gān jìng diàn wū le zì jǐ de ěr duo
觉得使者来请他做官的话不干净，玷污了自己的耳朵，
shì yì zhǒng wǔ rǔ yú shì jiù pǎo dào yǐng shuǐ hé biān qù xǐ ěr duo biǎo shì bù
是一种侮辱，于是就跑到颍水河边去洗耳朵，表示不
xiǎng zài tīng dào zhè zhǒng huà
想再听到这种话，
biǎo xiàn chū xián rén gū ào qīng
表现出贤人孤傲清
gāo yuǎn yú shì lì ān pín
高，远于势力，安贫
lè dào de gāo jié pǐn zhì
乐道的高洁品质。

清任伯年绘《洗耳图》，描绘许由拒绝尧帝的出仕邀请，隐居箕山，与朋友巢父对话的场景

第十二章

【导读】从本章开始，至二十章，论述的重点是“道不可离”。本章讲的是君子所坚守的中庸之道，用处很广，却又精微难见。通过“夫妇”和“圣人”的对比，说明即使是圣人也有局限性，也未必能体会中庸之道的精微之处，然而它又是无处不在的。

jūn zǐ zhī dào fèi ér yǐn fū fù zhī yú kě yǐ
君子之道费而隐。夫妇之愚，可以
yù zhī yān jí qí zhì yě suī shèng rén yì yǒu suǒ bù
与知焉，及其至也，虽圣人亦有所不
zhī yān fū fù zhī bú xiào kě yǐ néng xíng yān jí qí
知焉。夫妇之不肖，可以能行焉；及其
zhì yě suī shèng rén yì yǒu suǒ bù néng yān
至也，虽圣人亦有所不能焉。

【释义】君子之道广大而精微。普通男女虽然愚昧，也可以知道君子之道；至于道的最高境界，即便是圣人也有弄不清楚的地方。普通男女虽然不贤明，也可以实行君子之道；至于道的最高境界，即便是圣人也有做不到的地方。

唐代鎏金舞马衔杯纹银壶

以蒙养正

清末《历代名臣像解》中的孔颖达画像

孔颖达是唐代经学家，曾奉唐太宗之命主编《五经正义》。他融合南北经学家的见解，极力主张贵贱尊卑的区别，形成唐代义疏派。唐代科举取士的教材就出自孔颖达之手。

一次，孔颖达为唐太宗解答《论语》中的疑问时，说："圣人施行教化，目的是使人们谦虚谨慎。正如《易经》说的'以蒙养正，以明夷莅众'，如果居高位而炫耀聪明，掩饰过错，不听忠告，必然会造成心意不通，上下隔阂，甚至是身死国灭啊！"唐太宗非常赞同孔颖达的观点。

清乾隆年制《历代帝王像真迹》中的唐太宗画像

tiān dì zhī dà yě rén yóu yǒu suǒ hàn gù jūn zǐ
天地之大也，人犹有所憾。故君子
yǔ dà tiān xià mò néng zài yān yǔ xiǎo tiān xià mò
语大，天下莫能载焉；语小，天下莫
néng pò yān shī yún yuān fēi lì tiān yú yuè
能破焉。《诗》云：“鸢飞戾天，鱼跃
yú yuān yán qí shàng xià chá yě jūn zǐ zhī dào
于渊。”言其上下察也。君子之道，
zào duān hū fū fù jí qí zhì yě chá hū tiān dì
造端乎夫妇，及其至也，察乎天地。

【释义】天地如此之大，但人们仍有不满足的地方。所以君子说到“大”，就大得连整个天下都载不下；说到“小”，就小得连一点儿也分不开。《诗经·大雅·旱麓》说：“老鹰飞向高空，鱼儿跃入深渊。”说的是君子之道在天地之间都是显明昭著的。君子之道，开始于普通男女，但它的最高境界却在天地之间发扬光大。

望洋兴叹

zhuāng zǐ shì zhàn guó shí qī sī xiǎng jiā zài qí zhù zuò zhuāng zǐ zhōng
庄子是战国时期思想家，在其著作《庄子》中
jiǎng guo zhè yàng yì zé gù shi qiū tiān fā hóng shuǐ de shí hou wú shù hé liú huì
讲过这样一则故事：秋天发洪水的时候，无数河流汇

清末《历代名臣像解》中的庄子画像

rù huáng hé hé shuǐ shàng zhǎng hé miàn kuān
入黄河，河水上涨，河面宽
kuò lián duì àn de niú mǎ dōu kàn bú jiàn
阔，连对岸的牛马都看不见。
jiàn cǐ qíng jǐng huáng hé zhī shén hé bó fēi
见此情景，黄河之神河伯非
cháng dé yì yǐ wéi zì jǐ zhè lǐ shì tiān
常得意，以为自己这里是天
xià zuì zhuàng lì de jǐng sè
下最壮丽的景色。

tā shùn liú dōng xià lái dào běi
他顺流东下，来到北
hǎi zhǐ jiàn yí piàn wāng yáng màn wú biān
海，只见一片汪洋，漫无边
jì bù jīn dà chī yì jīng hé bó cán kuì de duì hǎi shén ruò shuō sú huà
际，不禁大吃一惊。河伯惭愧地对海神若说："俗话
shuō dǒng de xǔ duō dào lǐ jiù yǐ wéi méi yǒu shéi néng bǐ de shàng zì jǐ shuō
说'懂得许多道理就以为没有谁能比得上自己'，说
de jiù shì wǒ zhè yàng de rén a xiàn zài kàn dào nǐ de guǎng bó wú biān cái zhī
的就是我这样的人啊。现在看到你的广博无边，才知
dào zì jǐ de kuáng wàng wú zhī yào bú shì dào nǐ zhè lǐ kàn yí kàn wǒ jiāng
道自己的狂妄无知，要不是到你这里看一看，我将
yǒng yuǎn bèi nà xiē jiàn duō shí guǎng de rén chǐ xiào a
永远被那些见多识广的人耻笑啊！"

东汉画像石《河伯出行图》，描绘河伯出行时的场景

第十三章

【导读】在本章中，孔子指出道离人并不遥远，只要能做到忠恕（己所不欲，勿施于人），就差不多能到达中庸了。同时，孔子提出君子之道有四条，即孝、忠、悌、信，并勉励人们要努力做到言行一致。

zǐ yuē dào bù yuǎn rén rén zhī wéi dào ér
子曰："道不远人。人之为道而
yuǎn rén bù kě yǐ wéi dào shī yún fá kē
远人，不可以为道。《诗》云：'伐柯
fá kē qí zé bù yuǎn zhí kē yǐ fá kē nì ér
伐柯，其则不远。'执柯以伐柯，睨而
shì zhī yóu yǐ wéi yuǎn gù jūn zǐ yǐ rén zhì rén gǎi
视之，犹以为远。故君子以人治人，改
ér zhǐ zhōng shù wéi dào bù yuǎn shī zhū jǐ ér bú yuàn
而止。忠恕违道不远，施诸己而不愿，
yì wù shī yú rén
亦勿施于人。

【释义】孔子说："道离人并不遥远。如果有人实行道却离开了人，那是不可能实行道的。《诗经·豳风·伐柯》说：'砍削斧柄啊砍削斧柄，斧柄的样式就在眼前。'握着斧柄砍削木头做新斧柄，但斜着眼睛一看，斧柄的样子好像还是离得很远。所以，君子总是按照人的固有之道来治理人，只要他能改正错误就行了。能够做到忠和恕，离中庸之道就不远了，如果不愿意别人把某事施加在自己身上，也不要把这件事施加给别人。”

以德感人

清梁延年辑《圣谕像解》之《盗牛守剑》，讲述盗牛者受王烈感化，拾剑后坐等失主的故事

三国时期，王烈为人气度恢宏，在当地很有威望。当时，一个人偷了别人一头牛，被失主捉住。偷牛人说：“我偷了你的牛，怎么惩罚我都行，只求你不要告诉王烈。”王烈知道此事后，立即托人赠给偷牛人一匹布。有人问他为什么这样做，王烈解释道：“做了贼而不愿让我知道，说明他有羞耻之心，我送布给他是为了激励他改过自新。”

几天后，一位老人丢了一把剑，一个人守着剑等到傍晚，直到物归原主才回家，而这位拾金不昧的人，正是那个偷牛人。大家知道此事后，更加佩服王烈了。

jūn zǐ zhī dào sì qiū wèi néng yī yān suǒ
“君子之道四，丘未能一焉：所
qiú hū zǐ yǐ shì fù wèi néng yě suǒ qiú hū chén yǐ
求乎子以事父，未能也；所求乎臣以
shì jūn wèi néng yě suǒ qiú hū dì yǐ shì xiōng wèi
事君，未能也；所求乎弟以事兄，未
néng yě suǒ qiú hū péng you xiān shī zhī wèi néng yě
能也；所求乎朋友先施之，未能也。
yōng dé zhī xíng yōng yán zhī jǐn yǒu suǒ bù zú bù gǎn
庸德之行，庸言之谨，有所不足，不敢
bù miǎn yǒu yú bù gǎn jìn yán gù xíng xíng gù yán
不勉，有馀不敢尽。言顾行，行顾言，
jūn zǐ hú bú zào zào ěr
君子胡不慥慥尔？”

【释义】“君子所遵循的道有四个方面，我孔丘连一方面也没有做到：要求儿子为父亲做的那些事，我没能做到；要求臣子为君主做的那些事，我没能做到；要求弟弟为哥哥做的那些事，我没能做到；要求做朋友应该先做的那些事，我没能做到。平常的道德要实行，平常的言谈应谨慎，这些事做得还不够，不敢不努力去弥补，即使有超过别人的地方，也不敢表现出来。说话要顾及自己的行为，做事要顾及自己的言谈，这样的君子怎么会不忠厚诚实呢？”

战国嵌松石铜豆

孟子论政

清费丹旭绘孟子画像

战国时期，邹国与鲁国发生冲突，邹国损失惨重。邹穆公说：“我的官员在这次冲突中死了三十三人，民众却没死一个。他们看着官员被杀却不去营救，真想都杀了他们。你看该怎么办呢？”

孟子说：“闹灾荒时，百姓四散逃亡，而您的粮仓堆满粮食，有关部门不向您报告这些情况，这是残害百姓啊！曾子曾说过：‘你怎样对待别人，别人就会怎样对待你。’百姓这次终于有机会报复官员们，您不要责怪他们。君王如果实行仁政，并起带头作用，百姓一定会亲近您。”邹穆公不住地点头称是。

明刻本《孔门儒教列传》之《孟轲受徒著书》，描绘孟子著书的场景

第十四章

【导读】本章重点论述君子要安守自己的位置。作者认为，不管处于富贵、贫贱、夷狄或患难之中，君子都应该安然自得。而且，君子能端正自己，不苛求别人，遇到问题，要多从自身找原因。

jūn zǐ sù qí wèi ér xíng bú yuàn hū qí wài
君子素其位而行，不愿乎其外。sù fù guì xíng hū fù guì sù pín jiàn xíng hū pín jiàn
素富贵，行乎富贵；素贫贱，行乎贫贱；sù yí dí xíng hū yí dí sù huàn nàn xíng hū huàn nàn
素夷狄，行乎夷狄；素患难，行乎患难。jūn zǐ wú rù ér bú zì dé yān
君子无入而不自得焉！

【释义】君子安于自己所处的地位，做应该做的事，不羡慕本分以外的事情。处于富贵的地位，就做富贵人该做的事；处于贫贱的地位，就做贫贱人该做的事；处于边远地区，就做边远地区该做的事；处于患难之中，就做患难之中该做的事。君子无论在什么情况下都是安然自得的！

河南安阳殷墟小屯南地出土的龟甲，上面刻有关于占卜的文字

曳尾涂中

明刻本《三才图会》中的庄子画像

战国时期，庄子才学出众。楚威王仰慕他的才华，派使者带着许多礼品来请庄子到楚国做官，辅佐朝政。

庄子正在濮水岸边钓鱼，听使者说明来意后，问使者："听说楚国有一只神龟，已经死去三千多年了。楚王把它装在匣子里，珍藏在庙堂上。作为一只神龟来说，它是愿意死了留下尸骨让人供奉，还是愿意活着拖着尾巴在泥中爬行呢？"使者说："当然是活着好啊！"庄子说："你还是赶紧回去告诉楚王，我愿意像拖着尾巴在泥中爬行的乌龟，过隐居生活。"使者无奈，只好回去向楚王复命。

战国楚王熊章钟

zài shàng wèi　bù líng xià　zài xià wèi　bù yuán
在上位，不陵下；在下位，不援
shàng zhèng jǐ ér bù qiú yú rén　zé wú yuàn　shàng bú yuàn
上。正己而不求于人，则无怨。上不怨
tiān　xià bù yóu rén　gù jūn zǐ jū yì yǐ sì mìng　xiǎo
天，下不尤人。故君子居易以俟命，小
rén xíng xiǎn yǐ jiǎo xìng　zǐ yuē　shè yǒu sì hū jūn
人行险以徼幸。子曰：“射有似乎君
zǐ　shī zhū zhēng gǔ　fǎn qiú zhū qí shēn
子，失诸正鹄，反求诸其身。”

【释义】处于上位，不欺侮在下位的人；处于下位，不巴结在上位的人。端正自己而不苛求别人，这样就不会有什么抱怨。上不抱怨天，下不责怪人。所以，君子安于现状来等待天命，小人却铤而走险，妄图获得不应得的好处。孔子说：“君子立身处世就像射箭一样，射不中靶子，就要回过头来在自己身上找原因。”

越组代庖 

shàng gǔ shí qī　dì yáo xián dá qiān xùn　tā
上古时期，帝尧贤达谦逊，他
tīng shuō yǐn shì xǔ yóu hěn yǒu cái néng　biàn xiǎng bǎ dì wèi
听说隐士许由很有才能，便想把帝位

山东泰安大汶口出土
新石器时代白陶鬶

清乾隆年制《历代帝王像真迹》中的帝尧画像

禅让给他。

许由无意功名利禄，拒绝了帝尧的好意。许由说：“您已经把天下治理得很好了，如果我来接替您，不是沽名钓誉吗？鹪鹩在树林里筑巢，不过占一棵树枝；鼹鼠到黄河边喝水，不过喝饱自己的肚子。天下对我有什么用呢？算了吧，厨师不做祭祀用的饭菜，掌管祭祀的人也不能越过管理礼器的职责去代替厨师下厨房做饭呀！”

随后，许由跑到颍水之滨的箕山脚下隐居起来。

山东嘉祥武氏祠出土的《尧舜禅让》画像石

第十五章

【导读】在本章中，作者引用《诗经》和孔子的话，论述中庸之道要从身边做起。首先要做好“齐家”的工作，处理好夫妻、兄弟之间的关系，才能使父母满意，这是实践中庸之道的开始。

jūn zǐ zhī dào pì rú xíng yuǎn bì zì ěr pì
君子之道，辟如行远必自迩，辟
rú dēng gāo bì zì bēi shī yuē qī zǐ hǎo
如登高必自卑。《诗》曰：“妻子好
hé rú gǔ sè qín xiōng dì jì xī hé lè qiě dān
合，如鼓瑟琴。兄弟既翕，和乐且耽。
yí ěr shì jiā lè ěr qī nú zǐ yuē fù mǔ
宜尔室家，乐尔妻帑。”子曰：“父母
qí shùn yǐ hū
其顺矣乎！”

【释义】君子实行中庸之道，就像走远路一样，必须要从近处开始；就像登高山一样，必须要从低处爬起。《诗经·小雅·常棣》说：“妻子儿女感情和睦，就像弹琴鼓瑟一样和谐。兄弟关系融洽，和顺又快乐。使你的家庭美满，使你的妻儿快乐。”孔子赞叹说：“如果能够做到这样，父母就称心如意了吧！”

东汉绿釉水波纹陶壶

糟糠之妻不下堂

清人绘光武帝刘秀画像

宋弘是东汉时大臣，长得仪表堂堂。光武帝刘秀的姐姐湖阳公主死了丈夫，守寡在家。刘秀知道姐姐喜欢宋弘，便派人请宋弘来赴宴，想为姐姐撮合这门婚事。

四川郫县出土东汉石棺画像《宴客乐舞图》

席间，刘秀故意用话试探宋弘："俗话说，做了官就要换朋友，钱多了就要换妻子，这恐怕是人之常情吧？"不料，宋弘却回答说："我听说不能因为自己的地位变了而忘记在贫贱时结交的知心朋友，不能因为自己富贵了就抛弃同自己一起吃糟糠过苦日子的妻子。"刘秀听宋弘这么说，很佩服他的人品，就不再跟他提给姐姐说媒的事了。

第十六章

【导读】本章以鬼神比喻中庸之道，以“视之弗见，听之弗闻”喻道之“隐”（精微难见），以“齐明盛服，以承祭祀”喻道之“费”（广大），说明中庸之道用处很广，却又精微难见。中庸之道与鬼神之道相似，从微至著，不言自诚。

zǐ yuē guǐ shén zhī wéi dé qí shèng yǐ
子曰：“鬼神之为德，其盛矣
hū shì zhī ér fú jiàn tīng zhī ér fú wén tǐ wù ér
乎！视之而弗见，听之而弗闻，体物而
bù kě yí shǐ tiān xià zhī rén zhāi míng shèng fú yǐ
不可遗。使天下之人，齐明盛服，以
chéng jì sì yáng yáng hū rú zài qí shàng rú zài qí
承祭祀。洋洋乎！如在其上，如在其
zuǒ yòu shī yuē shén zhī gé sī bù kě duó
左右。《诗》曰：‘神之格思，不可度
sī shěn kě yì sī fú wēi zhī xiǎn chéng zhī bù kě
思，矧可射思。’夫微之显，诚之不可
yǎn rú cǐ fú
揜如此夫！”

【释义】孔子说：“鬼神的德行，真是盛大无比啊！看它却看不见，听它却听不到，可它却体现在万物之中，从来没有遗漏。让天下的人都斋戒沐浴，穿着庄重整齐的服装去祭祀它。浩浩荡荡啊！

它好像漂浮在人们的头上，又好像流动在人们的左右。《诗经·大雅·抑》说：‘神的降临，不可揣测，怎么能够怠慢不敬呢？’鬼神从隐微到显著，真实的东西就是这样不可掩盖啊！”

涌泉跃鲤

dōng hàn shí jiāng shī hěn xiào shùn mǔ qīn qī zi páng shì yě hěn xì xīn de
东汉时，姜诗很孝顺母亲，妻子庞氏也很细心地
shì fèng pó po jiāng mǔ xǐ huan hē jiāng shuǐ páng shì biàn měi tiān dào jiāng biān gěi pó
侍奉婆婆。姜母喜欢喝江水，庞氏便每天到江边给婆

清王素绘《二十四孝图》之《姜诗涌泉跃鲤》

宋元时期画像砖，描绘姜诗妻取水时的场景

po tiāo shuǐ hē jiāng mǔ ài chī
婆挑水喝。姜母爱吃
lǐ yú fū qī liǎ jiù cháng zuò
鲤鱼，夫妻俩就常做
yú gěi tā chī
鱼给她吃。

yǒu yí cì páng shì
有一次，庞氏
dào jiāng biān qù tiāo shuǐ yīn zāo
到江边去挑水，因遭
yù dà fēng méi néng àn shí huí
遇大风，没能按时回
jiā jiāng shī rèn wéi tā gù yì
家，姜诗认为她故意
dài màn bù yóu fēn shuō bǎ tā gǎn chū jiā mén páng shì jì jū lín jiā rì yè
怠慢，不由分说把她赶出家门。庞氏寄居邻家，日夜
fǎng shā zhī bù yòng jī xù de qián
纺纱织布，用积蓄的钱
gěi pó po mǎi huí měi wèi shí pǐn
给婆婆买回美味食品。
jiāng mǔ zhī dào shì qing de zhēn xiàng
姜母知道事情的真相
hòu shí fēn cán kuì jiù ràng jiāng
后，十分惭愧，就让姜
shī jiē huí qī zi yì tiān yuàn
诗接回妻子。一天，院
zi li hū rán qí jì bān de pēn chū
子里忽然奇迹般地喷出
quán shuǐ bù jǐn rú cǐ měi tiān
泉水，不仅如此，每天
hái yǒu liǎng wěi lǐ yú yuè chū jiāng
还有两尾鲤鱼跃出，姜
shī biàn qǔ lái zuò gěi mǔ qīn chī
诗便取来做给母亲吃。

清刻本《二十四孝图说》之《涌泉跃鲤》，表现姜诗夫妇尽心侍奉老母的情景

第十七章

【导读】本章阐明中庸之道的功用。首先通过孔子之言，赞美舜为大德之人，因为实践中庸之道，从而获得了位、禄、名、寿；同时提醒我们要顺应天命，努力提升自己。然后，引用《诗经》之言，强调有大德之人一定会得到天命的眷顾。

zǐ yuē shùn qí dà xiào yě yú dé wéi shèng
子曰："舜其大孝也与！德为圣
rén zūn wéi tiān zǐ fù yǒu sì hǎi zhī nèi zōng miào
人，尊为天子，富有四海之内，宗庙
xiǎng zhī zǐ sūn bǎo zhī gù dà dé bì dé qí wèi bì
飨之，子孙保之。故大德必得其位，必
dé qí lù bì dé qí míng bì dé qí shòu gù tiān zhī
得其禄，必得其名，必得其寿。故天之
shēng wù bì yīn qí cái ér dǔ yān gù zāi zhě péi zhī
生物，必因其材而笃焉。故栽者培之，
qīng zhě fù zhī shī yuē jiā lè jūn zǐ xiǎn
倾者覆之。《诗》曰：'嘉乐君子，宪
xiǎn lìng dé yí mín yí rén shòu lù yú tiān bǎo yòu mìng
宪令德。宜民宜人，受禄于天。保佑命
zhī zì tiān shēn zhī gù dà dé zhě bì shòu mìng
之，自天申之。'故大德者必受命。"

【释义】孔子说："舜应该是最孝顺的人了！论德行他是圣人，论地位他是尊贵的天子，论财富他拥有整个天下，后代在宗庙里祭祀他，子子孙孙都保持他的功业。所以，有大德的人必然会得到应得的地位，必然会得到应得的财富，必然会得到应得的名声，必然会得到应得的寿命。因此，上天生育万物，必然会根据其资质厚待它们。可以栽种的就加以培植，倾斜枯萎的就任其覆灭。《诗经·大雅·假乐》说：'高尚优雅的君子，有光明美好的德行。他使百姓安居乐业，享受上天赐予的福禄。上天保佑他，赋予他重大的使命，教他永享福寿。'所以，有大德的人必定会承受天命。"

明刻本《三才图会》中的帝舜画像

亲尝汤药 

清人绘汉文帝刘恒画像

西汉时，汉文帝以仁孝名闻天下，在位期间曾多次颁布法令，赈济老无所依的老人，并提倡讲授《孝经》，宣扬孝道。他贵为皇帝，以身作则，十分孝顺母亲。虽然每天都要处理

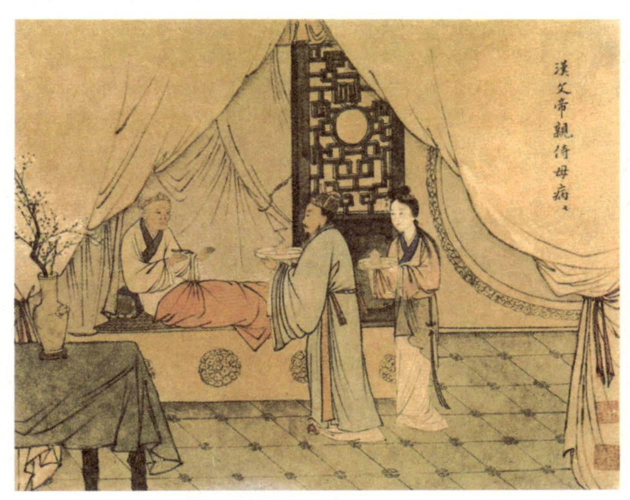

清王素绘《二十四孝图》之《汉文帝亲侍母病》

很多公务，却从不忘记到母亲的房间进行问候。后来母亲病了，汉文帝日夜精心服侍，甚至目不交睫，衣不解带，很少睡过安稳觉。每天母亲吃药时，他都要先亲口尝尝，看看药是否太热、太苦，然后才放心地给母亲吃。

汉文帝侍奉母亲长达三年之久，实在是难能可贵，他的故事也因此成为千古传颂的佳话。

清刻本《二十四孝图说》之《亲尝汤药》，描绘汉文帝侍奉母亲服用汤药的场景

第十八章

【导读】本章首先论述文王、武王和周公的功德，然后讨论了祭祀之礼和丧礼的作用，这些礼仪是古代和谐家庭、维系国家的纽带，尤其是丧礼，对推行孝道有着重要的作用，绝不可等闲视之。

zǐ yuē wú yōu zhě qí wéi wén wáng hū
子曰："无忧者，其惟文王乎！
yǐ wáng jì wéi fù yǐ wǔ wáng wéi zǐ fù zuò zhī
以王季为父，以武王为子；父作之，
zǐ shù zhī wǔ wáng zuǎn tài wáng wáng jì wén wáng zhī
子述之。武王缵大王、王季、文王之
xù yī róng yī ér yǒu tiān xià shēn bù shī tiān xià zhī xiǎn
绪，壹戎衣而有天下，身不失天下之显
míng zūn wéi tiān zǐ fù yǒu sì hǎi zhī nèi zōng miào
名；尊为天子，富有四海之内；宗庙
xiǎng zhī zǐ sūn bǎo zhī wǔ wáng mò shòu mìng zhōu gōng
飨之，子孙保之。武王末受命，周公
chéng wén wǔ zhī dé zhuī wàng tài wáng wáng jì shàng
成文、武之德，追王大王、王季，上
sì xiān gōng yǐ tiān zǐ zhī lǐ sī lǐ yě dá hū zhū
祀先公以天子之礼。斯礼也，达乎诸
hóu dà fū jí shì shù rén fù wéi dà fū zǐ wéi
侯、大夫及士、庶人。父为大夫，子为

shì zàng yǐ dà fū jì yǐ shì fù wéi shì zǐ wéi
士，葬以大夫，祭以士。父为士，子为
dà fū zàng yǐ shì jì yǐ dà fū jī zhī sāng dá
大夫，葬以士，祭以大夫。期之丧，达
hū dà fū sān nián zhī sāng dá hū tiān zǐ fù mǔ zhī
乎大夫；三年之丧，达乎天子；父母之
sāng wú guì jiàn yī yě
丧，无贵贱，一也。”

【释义】孔子说：“古代帝王中没有忧愁的人，大概只有周文王吧！他有王季这样的父亲，有武王这样的儿子。父亲为他开创基业，儿子继承他的事业。武王继承太王、王季和文王的事业，消灭殷纣取得天下，他没有失去显扬天下的名声，地位尊贵至天子，拥有四海之内的财富，享受宗庙的祭祀，子孙永保他的事业。武王晚年承受天命，到周公才成就文王、武王的功德业绩，追尊太王、王季为王，用祭祀天子的礼制祭祀太王以前的先祖。这种礼制，从诸侯、大夫，一直适用到士人、百姓。如果父亲是大夫，儿子是士，父亲死了就用大夫的礼制安葬，用士的礼制祭祀。如果父亲是士，儿子是大夫，父亲死了就用士的礼制安葬，用大夫的礼制祭祀。守丧一年的丧制，从百姓通行到大夫；守丧三年的丧制，从百姓通行到天子；为父母守丧的期限，没有贵贱之分，都是一样的。”

明人绘周武王画像

文王访贤

清殿藏本姜太公画像

shāng cháo mò nián zhòu wáng dào
商朝末年，纣王倒
xíng nì shī yǐn de zhòng pàn qīn lí
行逆施，引得众叛亲离。
zhōu wén wáng wèi miè diào shāng cháo sì
周文王为灭掉商朝，四
chù xún fǎng xián rén dāng shí jiāng
处寻访贤人。当时，姜
shàng qì guān táo dào shǎn xī de wèi shuǐ
尚弃官逃到陕西的渭水
hé pàn měi tiān zài wèi shuǐ hé biān diào
河畔，每天在渭水河边钓
yú dàn tā diào yú yòng de shì zhí
鱼，但他钓鱼用的是直
gōu bìng qiě bú fàng yú ěr
钩，并且不放鱼饵。

清廖鸿章绘《历代帝王巡幸图》之周文王卷，描绘周文王访贤遇到姜太公时的场景

明戴进绘《渭滨垂钓图》（局部），讲述周文王礼聘姜太公的故事

zhè shì hěn kuài chuán dào wén wáng de ěr duo li wén wáng zhī dào jiāng shàng shì
这事很快传到文王的耳朵里，文王知道姜尚是
nán dé de rén cái biàn dài shàng hòu lǐ qīn zì lái qǐng jiāng shàng jiāng shàng jiàn wén
难得的人才，便带上厚礼亲自来请姜尚。姜尚见文
wáng chéng xīn chéng yì biàn gāo xìng de dā ying le dàn jiāng shàng tí chū ràng wén
王诚心诚意，便高兴地答应了。但姜尚提出，让文
wáng qīn zì lā chē bǎ zì jǐ jiē huí qù wén wáng yě tòng kuài de dā ying le jiāng
王亲自拉车把自己接回去，文王也痛快地答应了。姜
shàng suí wén wáng rù cháo dāng le jūn shī hòu lái fǔ zuǒ wén wáng wǔ wáng tǎo fá
尚随文王入朝当了军师，后来辅佐文王、武王讨伐
zhòu wáng wèi xī zhōu wáng cháo de jiàn lì lì xià le hàn mǎ gōng láo
纣王，为西周王朝的建立立下了汗马功劳。

第十九章

【导读】本章首先赞颂武王、周公之孝，因为他们能继承先人遗志和未竟的事业。其次，重点讨论了祭祀与宗庙之礼，这些礼制在今天看似繁琐，但在当时却意义重大。如“事死如事生，事亡如事存”，是孝的极致；而郊社之礼、宗庙之礼则在治国中发挥着重要作用。

zǐ yuē wǔ wáng zhōu gōng qí dá xiào yǐ
子曰：“武王、周公，其达孝矣
hū fú xiào zhě shàn jì rén zhī zhì shàn shù rén zhī shì
乎！夫孝者，善继人之志，善述人之事
zhě yě chūn qiū xiū qí zǔ miào chén qí zōng qì shè qí
者也。春秋修其祖庙，陈其宗器，设其
cháng yī jiàn qí shí shí
裳衣，荐其时食。

【释义】孔子说：“武王和周公，都是通达孝道的人吧！所谓孝，就是善于继承先人的遗志，善于完成先人未竟的事业。春秋时节，修理先人的祖庙，陈列先世所藏的重器，摆设先人的衣物，供奉应时的食品。

西汉错金博山炉

司马迁著《史记》

清人绘司马迁画像

司马迁是西汉史学家、文学家和思想家。早年遍游大江南北，考察名胜古迹，访问史事传说，调查社会风俗。太初元年（前104年），开始创作《史记》。

但不久，司马迁卷入李陵案中。当时，李陵与匈奴作战，因寡不敌众而投降。司马迁替李陵辩护，惹恼了汉武帝，因此获罪入狱，遭受宫刑。蒙受如此大辱，司马迁很想一死了之，但想到父亲的重托和自己未竟的事业，他打消自杀的念头，决定忍辱负重，苟且存活。出狱后，司马迁任中书令，在逆境中发奋著述，最终完成千古名著《史记》。

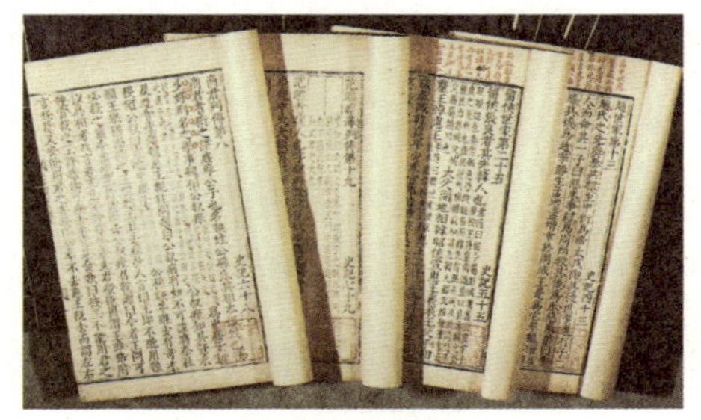

《史记》书影

“宗庙之礼，所以序昭穆也；序爵，所以辨贵贱也；序事，所以辨贤也；旅酬下为上，所以逮贱也；燕毛，所以序齿也。践其位，行其礼，奏其乐，敬其所尊，爱其所亲，事死如事生，事亡如事存，孝之至也。郊社之礼，所以事上帝也；宗庙之礼，所以祀乎其先也。明乎郊社之礼、禘尝之义，治国其如示诸掌乎！”

zōng miào zhī lǐ suǒ yǐ xù zhāo mù yě xù jué suǒ yǐ biàn guì jiàn yě xù shì suǒ yǐ biàn xián yě lǚ chóu xià wéi shàng suǒ yǐ dài jiàn yě yàn máo suǒ yǐ xù chǐ yě jiàn qí wèi xíng qí lǐ zòu qí yuè jìng qí suǒ zūn ài qí suǒ qīn shì sǐ rú shì shēng shì wáng rú shì cún xiào zhī zhì yě jiāo shè zhī lǐ suǒ yǐ shì shàng dì yě zōng miào zhī lǐ suǒ yǐ sì hū qí xiān yě míng hū jiāo shè zhī lǐ dì cháng zhī yì zhì guó qí rú shì zhū zhǎng hū

【释义】“宗庙祭礼的礼仪，是为了排列左昭右穆的次序；按爵位排列次序，是为了区分贵贱；按职务排列次序，是为了区别才能的高低；祭祀后大家举杯劝酒，晚辈向长辈敬酒，是为了显示先祖的恩惠已经达到地位低贱者身上；祭祀完毕举行宴会，按头发黑白排列座次，是为了区分长幼的顺序。站在合适的位置上，举行先王传下的祭礼，演奏先王留下的音乐，尊敬先王所尊敬的祖先，爱护先王所爱护

的子孙臣民，侍奉死者如同侍奉生者一样，侍奉逝去的如同侍奉现存的一样，这是孝的最高境界。祭祀天地的礼仪，是用来侍奉上帝的；祭祀宗庙的礼仪，是用来祭祀祖先的。明白了祭祀天地的礼仪和天子宗庙大祭、秋祭等祭祀的意义，治理国家就像看自己手掌上的东西一样容易了！”

明佚名绘《孔子圣迹图》之《汉高祀鲁》（局部），描绘汉高祖刘邦在孔庙祭祀时的场景

丙吉问牛

bǐng jí shì xī hàn shí rén chū shēn yù lì céng shě shēn bǎo hù guo yòu nián
丙吉是西汉时人，出身狱吏，曾舍身保护过幼年
de xuān dì chéngxiàng wèi xiàng bìng sǐ hòu tā jì rèn chéngxiàng yīn zhèng jì zhuó
的宣帝。丞相魏相病死后，他继任丞相，因政绩卓
zhù bèi fēng wéi bó yáng hóu yí cì bǐng
著，被封为博阳侯。一次，丙
jí wài chū xún shì yù dào mín zhòng dòu ōu
吉外出巡视，遇到民众斗殴，
méi yǒu duō jiā lǐ huì bù jiǔ yòu kàn dào
没有多加理会。不久，又看到
yí gè nóng fū gǎn zhe niú zǒu zài xiāng jiān de
一个农夫赶着牛走在乡间的
xiǎo lù shang nà niú shēn zhe shé tou dà
小路上，那牛伸着舌头，大
kǒu chuǎn zhe cū qì bǐng jí xià chē wèn nóng
口喘着粗气。丙吉下车问农
fū zhè tóu niú zǒu le jǐ lǐ lù wèi
夫：“这头牛走了几里路？为

清末《历代名臣像解》中的丙吉画像

河北满城汉墓出土的西汉长信宫灯

shén me chuǎn de zhè me lì hai
什么喘得这么厉害？”

suí xíng de yí gè guān lì gǎn dào hěn qí guài wèn bǐng jí mín zhòng dòu ōu dà ren dōu bù wén bú wèn niú chuǎn cū qì zhè diǎn xiǎo shì nǎ lǐ zhí dé nín guò wèn ne bǐng jí jiě shì shuō mín zhòng dòu ōu de shì zì yǒu dì fāng guān qù guǎn xiàn zài shì chū chūn shí jié tiān qì bú tài rè niú què rè de zhí chuǎn zhè shì qì hòu fǎn cháng suǒ zhì kǒng pà jīn nián shōu cheng bú huì hǎo ba zhè shì guān xì guó jì mín shēng de dà shì nán dào bú shì wǒ suǒ guān xīn de ma zhòng rén tīng hòu dōu fēi cháng pèi fú bǐng jí
随行的一个官吏感到很奇怪，问丙吉：“民众斗殴大人都不闻不问，牛喘粗气这点小事哪里值得您过问呢？”丙吉解释说：“民众斗殴的事自有地方官去管。现在是初春时节，天气不太热，牛却热得直喘，这是气候反常所致，恐怕今年收成不会好吧！这是关系国计民生的大事，难道不是我所关心的吗？”众人听后，都非常佩服丙吉。

唐韩滉绘《五牛图》（局部）

第 二 十 章

【导读】本章中，孔子向鲁哀公阐述自己的政治观点时指出，君子要治国，就必须修身，要修身就必须事亲，要事亲就必须知人，要知人就必须知天。同时，提出五种道理（君臣、父子、夫妇、兄弟、朋友之道）、三种德行（智、仁、勇）和治理国家的九条准则，而达到这些目的，就必须要做到“诚”，“诚身明善”才是治民之本。

āi gōng wèn zhèng zǐ yuē wén wǔ zhī
哀公问政。子曰：“文、武之
zhèng bù zài fāng cè qí rén cún zé qí zhèng jǔ
政，布在方策。其人存，则其政举；
qí rén wáng zé qí zhèng xī rén dào mǐn zhèng dì dào
其人亡，则其政息。人道敏政，地道
mǐn shù fú zhèng yě zhě pú lú yě gù wéi zhèng zài
敏树。夫政也者，蒲卢也。故为政在
rén qǔ rén yǐ shēn xiū shēn yǐ dào xiū dào yǐ rén
人，取人以身，修身以道，修道以仁。

【释义】鲁哀公向孔子询问治理国家的方法。孔子说：“周文王和周武王的政事，都记载在典籍上。他们在世的时候，这些政事就能实施；他们去世后，这些政事就废弛了。统治百姓的办法是勤于政事，治理荒地的办法是多种树木。说起来，政事就像芦苇一样，能够快速生长。所以，处理好政事在于用什么样的人，想得到人才就要修养自身，修养自身就要遵循中庸之道，遵循中庸之道就要从仁爱做起。

孔子与鲁哀公 

chūn qiū shí qī kǒng zǐ zhōu yóu liè guó huí dào lǔ guó lǔ āi gōng qīn zì
春秋时期，孔子周游列国回到鲁国，鲁哀公亲自
jiē jiàn kǒng zǐ bìng xiàng tā qǐng jiào zhì guó zhī dào kǒng zǐ gào su lǔ āi gōng yào
接见孔子，并向他请教治国之道。孔子告诉鲁哀公，要
xiǎng zhì lǐ hǎo guó jiā guān jiàn shì tiāo xuǎn hǎo dà chén tí bá zhèng zhí de rén
想治理好国家，关键是挑选好大臣，提拔正直的人。

dāng shí qí guó de chén chéng zǐ shā sǐ qí jiǎn gōng kǒng zǐ tīng shuō hòu
当时，齐国的陈成子杀死齐简公，孔子听说后
fēi cháng qì fèn shàng cháo bǐng gào lǔ āi gōng xī wàng tā chū bīng tǎo fá chén chéng
非常气愤，上朝禀告鲁哀公，希望他出兵讨伐陈成
zǐ lǔ āi gōng pài kǒng zǐ gào su zhí zhèng de sān jiā dà fū dàn tā men dōu bù
子。鲁哀公派孔子告诉执政的三家大夫，但他们都不
tóng yì chū bīng kǒng zǐ xìng xìng de huí dào jiā li yīn cǐ duì lǔ āi gōng chè dǐ shī
同意出兵，孔子悻悻地回到家里，因此对鲁哀公彻底失
wàng hòu lái kǒng zǐ qù shì lǔ āi gōng hěn shāng xīn tòng kū dào cāng tiān
望。后来，孔子去世，鲁哀公很伤心，痛哭道：“苍天
a nǐ bù lián mǐn wǒ jìng bú yuàn ràng
啊，你不怜悯我，竟不愿让
yí gè lǎo rén liú xià ér ràng wǒ dú zì
一个老人留下，而让我独自
bēi shāng
悲伤！”

清焦秉贞绘《孔子圣迹图》之《孔子见鲁哀公》，描绘孔子拜见鲁哀公的场景

rén zhě rén yě qīn qīn wéi dà yì zhě yí
"仁者，人也，亲亲为大；义者，宜
yě zūn xián wéi dà qīn qīn zhī shài zūn xián zhī děng
也，尊贤为大。亲亲之杀，尊贤之等，
lǐ suǒ shēng yě gù jūn zǐ bù kě yǐ bù xiū shēn sī
礼所生也。故君子不可以不修身。思
xiū shēn bù kě yǐ bú shì qīn sī shì qīn bù kě yǐ
修身，不可以不事亲；思事亲，不可以
bù zhī rén sī zhī rén bù kě yǐ bù zhī tiān
不知人；思知人，不可以不知天。

【释义】"仁就是爱人，爱自己的亲族是最大的仁；义就是凡事做得适宜，尊重贤人是最大的义。爱亲人要有亲疏之分，尊重贤人要有等级之别，礼便由此而产生。所以，君子不可以不修养自身。要想修养自身，就不能不侍奉亲人；要想侍奉亲人，就不能不了解他人；要想了解他人，就不能不知道天理。

戏彩娱亲

lǎo lái zǐ shì chūn qiū shí qī chǔ guó rén duì fù mǔ fēi cháng xiào shùn wèi
老莱子是春秋时期楚国人，对父母非常孝顺。为
le ràng fù mǔ kāi xīn lǎo lái zǐ jīng cháng chuān zhe yán sè xiān yàn de yī fu
了让父母开心，老莱子经常穿着颜色鲜艳的衣服，

清王素绘《二十四孝图》之《老莱子弄彩娱亲》

做出婴儿的模样，在父母身边游戏歌舞，让他们高兴；或者在父母面前摆弄小鸟，并做出顽皮的样子，逗父母开心。有一次，他挑着两桶水来到堂上，进屋时故意跌倒，把水洒了一地，弄得自己身上湿淋淋的，而他则躺在地上学婴儿哭，样子十分滑稽，逗得年迈的父母哈哈大笑。

孔子说：“对于父母来说，年迈并不算老；而让父母伤心，才是真正的老。像老莱子这样，才可以说得上是不失孺子之心啊！”

清任伯年绘《二十四孝图》之《老莱子衣彩娱亲》（局部）

“天下之达道五，所以行之者三。曰：君臣也，父子也，夫妇也，昆弟也，朋友之交也，五者，天下之达道也。知、仁、勇三者，天下之达德也，所以行之者一也。

【释义】“天下通行的道理有五条，实现这五条道理的德行有三种。君臣、父子、夫妇、兄弟、朋友之间的交往，就是天下通行的道理。智慧、仁爱、勇敢，这三者是天下人应有的美德，用来实行的就是一个‘诚’字。

燕齐之战

战国时期，燕昭王任命乐毅为上将军，联合韩、赵、魏等五国进攻

清人绘乐毅画像

齐国。燕昭王信任乐毅，乐毅在前线不受掣肘，五年间攻下齐国七十余城，齐国只剩莒、即墨两城在苦苦坚守。

清人绘田单画像

后来，燕昭王病逝，燕惠王即位。燕惠王做太子时就对乐毅不满，齐国利用两人的矛盾，散布谣言说，乐毅之所以不攻下莒、即墨两城，是因为他想称王。燕惠王中计，派骑劫取代乐毅。齐国在田单的带领下，利用火牛阵，打败骑劫，转败为胜，收复全部土地和城池，并把齐王迎回国都临淄。

明刻本《百将图说》之《火牛破敌》，描绘田单利用火牛阵大败燕军的场景

huò shēng ér zhī zhī huò xué ér zhī zhī huò
"或生而知之，或学而知之，或
kùn ér zhī zhī jí qí zhī zhī yī yě huò ān ér xíng
困而知之，及其知之，一也。或安而行
zhī huò lì ér xíng zhī huò miǎn qiǎng ér xíng zhī jí
之，或利而行之，或勉强而行之，及
qí chénggōng yī yě
其成功，一也。"

【释义】"对于这些道理，有的人生来就知道，有的人通过学习才知道，有的人经历了困苦才知道，但只要他们最终都知道了，也就一样了。对于这些道理，有的人自愿去实行，有的人为了某种好处去实行，有的人勉强去实行，但只要他们最终都实行了，也就一样了。"

明谢时臣绘《妻不下机图》（局部），描绘苏秦学而无成，回家后，妻子不下织机的场景

苏秦苦读 

sū qín shì zhàn guó shí qī de zòng héng
苏秦是战国时期的纵横
jiā céng gēn suí guǐ gǔ zǐ xué xí zòng héng
家，曾跟随鬼谷子学习纵横
shù xué chéng hòu biàn mài jiā chǎn sì chù yóu
术，学成后变卖家产，四处游
shuì kě shì jǐ nián guò hòu què méi yǒu zuò
说。可是几年过后，却没有做

战国木雕梅花鹿

dào yì guān bàn zhí zhǐ hǎo huí dào jiā li fù
到一官半职，只好回到家里。父
mǔ rèn wéi tā méi yòng gěi tā bái yǎn qī zi
母认为他没用，给他白眼；妻子
rèn wéi tā méi chū xi zuò zài zhī bù jī qián bù
认为他没出息，坐在织布机前不
lǐ tā xiōng sǎo rèn wéi tā méi běn shi bù gěi
理他；兄嫂认为他没本事，不给
tā fàn chī zhè duì sū qín de cì jī hěn dà
他饭吃。这对苏秦的刺激很大，
tā fā shì yí dìng yào chū rén tóu dì
他发誓一定要出人头地。

yú shì sū qín kāi shǐ fā fèn dú shū kùn le jiù yòng zhuī zi cì dà tuǐ
于是，苏秦开始发愤读书，困了就用锥子刺大腿
lái tí shén jīng guò yí duàn shí jiān de kǔ dú sū qín zài cì chū yóu tā zhēn duì
来提神。经过一段时间的苦读，苏秦再次出游，他针对
qín guó de yě xīn tí chū lián hé duì fu qín guó de hé zòng shù dé dào liù guó de
秦国的野心，提出联合对付秦国的合纵术，得到六国的
rèn tóng yí xià zi shēn pèi liù guó xiàng yìn chéng wéi xiǎn hè yì shí de míng rén
认同，一下子身佩六国相印，成为显赫一时的名人。

天津杨柳青年画《六国封相》，讲述苏秦身佩六国相印，衣锦还乡的故事

zǐ yuē hào xué jìn hū zhì lì xíng jìn hū
子曰："好学近乎知，力行近乎
rén zhī chǐ jìn hū yǒng zhī sī sān zhě zé zhī suǒ yǐ
仁，知耻近乎勇。知斯三者，则知所以
xiū shēn zhī suǒ yǐ xiū shēn zé zhī suǒ yǐ zhì rén zhī
修身；知所以修身，则知所以治人；知
suǒ yǐ zhì rén zé zhī suǒ yǐ zhì tiān xià guó jiā yǐ
所以治人，则知所以治天下国家矣。

【释义】孔子说："喜欢学习就接近了智慧，努力实行就接近了仁爱，知道羞耻就接近了勇敢。知道这三点，就知道怎样修养自身；知道怎样修养自身，就知道怎样管理他人；知道怎样管理他人，就知道怎样治理天下和国家了。

范滂赴死 

dōng hàn shí fàn pāng céng rèn guāng
东汉时，范滂曾任光
lù xūn zhǔ shì tā yì zhì háo qiáng jié
禄勋主事，他抑制豪强，结
jiāo tài xué shēng fǎn duì huàn guān gōng yuán
交太学生，反对宦官。公元
nián cháo tíng dà guī mó zhū shā dǎng
169年，朝廷大规模诛杀党

明刻本《三才图会》中的范滂画像

rén　zhào lìng dài bǔ fàn pāng
人，诏令逮捕范滂
děng rén　fàn pāng dé zhī xiāo
等人。范滂得知消
xi hòu　dāng jí dào jiān yù tóu
息后，当即到监狱投
àn　xiàn lìng guō yī shí fēn zhèn
案。县令郭揖十分震
jīng　jiě xià yìn shòu　lā zhe
惊，解下印绶，拉着
fàn pāng zhǔn bèi táo zǒu　fàn pāng
范滂准备逃走。范滂
shuō　wǒ sǐ le　zāi huò
说：“我死了，灾祸
jiù huì píng xī　zěn gǎn lián lei
就会平息，怎敢连累
nǐ fàn zuì　bìng qiě ràng lǎo mǔ
你犯罪，并且让老母
qīn liú lí shī suǒ ne
亲流离失所呢？”

明金忠编《瑞世良英》卷一之《汉范滂少立清节》，讲述范滂嫉恶如仇，令朝中贪吏闻风辞官的故事

fàn pāng de mǔ qīn lái yǔ ér zi
范滂的母亲来与儿子
jué bié　fàn pāng quàn mǔ qīn bú yào guò dù
诀别，范滂劝母亲不要过度
bēi shāng　mǔ qīn shuō　hǎo míng shēng
悲伤，母亲说：“好名声
yǔ cháng shòu bù kě jiān dé　rú jīn nǐ
与长寿不可兼得，如今你
yǔ lǐ yīng　dù mì qí míng　sǐ yǒu hé
与李膺、杜密齐名，死有何
hàn　lù guò de rén jiàn cǐ qíng jǐng
憾！”路过的人见此情景，
wú bù liú xià tóng qíng de yǎn lèi
无不流下同情的眼泪。

清末《历代名臣像解》中的李膺画像

fán wéi tiān xià guó jiā yǒu jiǔ jīng yuē xiū shēn yě zūn xián yě qīn qīn yě jìng dà chén yě tǐ qún chén yě zǐ shù mín yě lái bǎi gōng yě róu yuǎn rén yě huái zhū hóu yě xiū shēn zé dào lì zūn xián zé bú huò qīn qīn zé zhū fù kūn dì bú yuàn jìng dà chén zé bú xuàn tǐ qún chén zé shì zhī bào lǐ zhòng zǐ shù mín zé bǎi xìng quàn lái bǎi gōng zé cái yòng zú róu yuǎn rén zé sì fāng guī zhī huái zhū hóu zé tiān xià wèi zhī

“凡为天下国家有九经，曰：修身也，尊贤也，亲亲也，敬大臣也，体群臣也，子庶民也，来百工也，柔远人也，怀诸侯也。修身则道立，尊贤则不惑，亲亲则诸父昆弟不怨，敬大臣则不眩，体群臣则士之报礼重，子庶民则百姓劝，来百工则财用足，柔远人则四方归之，怀诸侯则天下畏之。

【释义】“大凡治理国家有九条准则，即修养自身，尊敬贤人，亲爱亲人，敬重大臣，体恤群臣，爱护百姓，招纳工匠，善待远客，安抚诸侯。修养自身，就能确立正道；尊敬贤人，就不会思想困惑；亲爱亲人，叔伯兄弟就不会抱怨；敬重大臣，就不会处事迷惑；体恤群臣，士人就会以礼相报；爱护百姓，百姓就会努力生产；招纳工匠，财物就会更加充足；善待远客，四方的百姓就会前来归顺；安抚诸侯，天下的人就会心存敬畏。

信陵君敬老

zhàn guó shí qī wèi guó de xìn líng jūn dì wèi shí fēn xiǎn hè dàn shì tā
战国时期，魏国的信陵君地位十分显赫，但是他
bìng méi yǒu yīn cǐ ér jiāo hèng bá hù
并没有因此而骄横跋扈。

nà shí wèi guó yǒu gè jiào hóu yíng de yǐn shì shì yí gè dì wèi dī wēi
那时，魏国有个叫侯嬴的隐士，是一个地位低微
de kān mén rén xìn líng jūn liǎo jiě dào hóu yíng hěn yǒu cái néng biàn qīn zì jià chē
的看门人，信陵君了解到侯嬴很有才能，便亲自驾车
qù jiē tā hóu yíng zhī dào xìn líng jūn de míng shēng wèi le shì tàn tā de chéng
去接他。侯嬴知道信陵君的名声，为了试探他的诚
yì gù yì zhuāng chū ào màn de yàng zi bìng shuō yào dào shì chǎng shang qù kàn
意，故意装出傲慢的样子，并说要到市场上去看
yí gè péng you xìn líng jūn lián máng bǎ tā lā dào shì chǎng shang hóu yíng hé péng
一个朋友，信陵君连忙把他拉到市场上。侯嬴和朋
you xián liáo qǐ lái xìn líng jūn zài yì páng nài xīn děng dài zhí dào tā men tán
友闲聊起来，信陵君在一旁耐心等待，直到他们谈
wán huà cái gōng jìng de qǐng hóu yíng shàng
完话，才恭敬地请侯嬴上
chē hóu yíng bèi xìn líng jūn de zhēn chéng
车。侯嬴被信陵君的真诚
dǎ dòng tòng kuài de zuò le tā de mén
打动，痛快地做了他的门
kè cóng cǐ gān yuàn wèi xìn líng jūn chū
客，从此甘愿为信陵君出
móu huà cè shèn zhì xiàn chū zì jǐ de
谋划策，甚至献出自己的
shēngmìng
生命。

清吴历绘《人物故事图册》之一，讲述信陵君拜请侯嬴的故事。图中描绘的是侯嬴与朋友朱亥交谈，而信陵君在耐心等待的场景

zhāi míng shèng fú fēi lǐ bú dòng suǒ yǐ xiū
“齐明盛服，非礼不动，所以修

shēn yě qù chán yuǎn sè jiàn huò ér guì dé suǒ yǐ
身也；去谗远色，贱货而贵德，所以

quàn xián yě zūn qí wèi zhòng qí lù tóng qí hào wù
劝贤也；尊其位，重其禄，同其好恶，

suǒ yǐ quàn qīn qīn yě guān shèng rèn shǐ suǒ yǐ quàn dà
所以劝亲亲也；官盛任使，所以劝大

chén yě zhōng xìn zhòng lù suǒ yǐ quàn shì yě shí shǐ
臣也；忠信重禄，所以劝士也；时使

bó liǎn suǒ yǐ quàn bǎi xìng yě rì xǐng yuè shì xì
薄敛，所以劝百姓也；日省月试，既

lǐn chèn shì suǒ yǐ quàn bǎi gōng yě sòng wǎng yíng lái
禀称事，所以劝百工也；送往迎来，

jiā shàn ér jīn bù néng suǒ yǐ róu yuǎn rén yě jì jué
嘉善而矜不能，所以柔远人也；继绝

shì jǔ fèi guó zhì luàn chí wēi cháo pìn yǐ shí hòu
世，举废国，治乱持危，朝聘以时，厚

wǎng ér bó lái suǒ yǐ huái zhū hóu yě fán wéi tiān xià
往而薄来，所以怀诸侯也。凡为天下

guó jiā yǒu jiǔ jīng suǒ yǐ xíng zhī zhě yī yě
国家有九经，所以行之者一也。

【释义】“斋戒沐浴，穿着盛装，不合礼仪的事不做，这是修养自身的方法；驱除小人，远离女色，轻视财物，重视美德，这是鼓励贤人的方法；提高亲族的爵位，增加亲族的俸禄，与他们爱憎相同，

战国玉透雕龙纹璧

这是鼓励人们亲爱亲族的方法；多给大臣安排属官，使他们担负各项事务，这是鼓励大臣的方法；真心诚意地对待他们，给他们丰厚的俸禄，这是鼓励士人的方法；按照时令役使他们，减轻他们的赋税，这是鼓励百姓的方法；天天察看，月月考核，付给他们的粮食与业绩相称，这是鼓励工匠的方法；去时护送，来时欢迎，嘉奖有才能的人，同情能力差的人，这是善待远方来客的方法；延续绝后的家族，复兴灭亡的国家，治理混乱，解救危难，按时接受朝见，赠送礼物丰厚，征收贡纳微薄，这是安抚诸侯的方法。大凡治理国家有九条准则，用来实行它的就是一个‘诚’字。

雨不失期

明焦竑著《养正图解》中的插图《雨不失期》，讲述魏文侯信守诺言，在雨天按时赴约的故事

wèi wén hóu shì zhàn guó shí qī
魏文侯是战国时期
wèi guó de jiàn lì zhě wéi rén jiǎng qiú
魏国的建立者，为人讲求
chéng xìn yí cì wèi wén hóu yǔ
诚信。一次，魏文侯与
qún chén yàn yǐn xí jiān gōng chóu jiāo
群臣宴饮，席间觥筹交
cuò dà jiā dōu hěn gāo xìng jiù zài
错，大家都很高兴。就在
zhè shí wài miàn xià qǐ le yǔ
这时，外面下起了雨，

战国鹿纹瓦当

wèi wén hóu měng rán xiǎng qǐ yí jiàn shì
魏文侯猛然想起一件事，
dāng jí fēn fù rén zhǔn bèi chē mǎ qián wǎng
当即吩咐人准备车马，前往
jiāo wài
郊外。

shǒu xià wèn wèi wén hóu tiān
手下问魏文侯：“天
xià zhe yǔ lù bù hǎo zǒu nín yào dào
下着雨，路不好走，您要到
shén me dì fang qù wèi wén hóu shuō
什么地方去？”魏文侯说：
wǒ yǔ zhǎng guǎn tián liè de guān yuán yuē hǎo jīn tiān qù dǎ liè zěn néng yīn wèi
“我与掌管田猎的官员约好今天去打猎，怎能因为
xià yǔ hé yǐn jiǔ ér bù jiǎng xìn
下雨和饮酒而不讲信
yòng ne jiù shì gǎi biàn jì
用呢？就是改变计
huà yě yào gào su tā yì shēng
划，也要告诉他一声
a yú shì wèi wén hóu
啊。”于是，魏文侯
chéng chē lái dào jiāo wài jiàn dào
乘车来到郊外，见到
zhǎng guǎn tián liè de guān yuán dāng
掌管田猎的官员，当
miàn shuō míng qíng kuàng qǔ xiāo le
面说明情况，取消了
dāng chū de yuē dìng
当初的约定。

明焦竑著《养正图解》中的插图《式闾礼士》，描绘魏文侯尊敬贤人段干木的场景

fán shì yù zé lì　bú yù zé fèi　yán qián
“凡事豫则立，不豫则废。言前
dìng zé bù jiá　shì qián dìng zé bú kùn　xíng qián dìng zé
定则不跲，事前定则不困，行前定则
bú jiù　dào qián dìng zé bù qióng
不疚，道前定则不穷。

【释义】“任何事情，事先有准备就会成功，没有准备就会失败。说话先有准备，就不会语言不畅；做事先有准备，就不会遭受挫折；行动先有准备，就不会后悔；道路预先选定，就不会走投无路。

有备无患

春秋鸟形铜鼎

chūn qiū shí qī　jìn dào gōng
春秋时期，晋悼公
jí wèi hòu　hěn xiǎng chóng zhèn jìn guó
即位后，很想重振晋国
xī rì de bà zhǔ wēi míng　yú shì
昔日的霸主威名，于是
biàn xiàng dà chén wèi jiàng qǐng jiào　wèi
便向大臣魏绛请教。魏
jiàng gěi tā tí le sān tiáo jiàn yì
绛给他提了三条建议：
shǒu xiān ān dìng biān jìng　pài rén gěi
首先安定边境，派人给

山西侯马出土春秋晋国铜方壶

边境的少数民族送去厚礼，与他们签订合约；其次召集各国诸侯会盟，八年内召集诸侯九次会盟，使晋国威望大增；最后惩治不安分的附属国，发兵攻打两边倒的郑国，使其屈服。通过这些措施，晋国又恢复了昔日的霸主地位。

晋悼公嘉奖魏绛，赐给他许多礼物，魏绛趁机进言：“书上说，安定的时候要预见将来的危险，能想到就会有准备，有准备就会防止祸患发生，希望大王能从中受到启示。”晋悼公欣然接受了魏绛的劝告。

南宋李唐绘《晋文公复国图》（局部），描绘晋悼公先祖晋文公因内乱颠沛流离，最终复国称霸的故事

zài xià wèi bú huò hū shàng mín bù kě dé ér zhì
“在下位不获乎上，民不可得而治
yǐ huò hū shàng yǒu dào bú xìn hū péng you bú huò
矣；获乎上有道，不信乎朋友，不获
hū shàng yǐ xìn hū péng you yǒu dào bú shùn hū qīn
乎上矣；信乎朋友有道，不顺乎亲，
bú xìn hū péng you yǐ shùn hū qīn yǒu dào fǎn zhū shēn bù
不信乎朋友矣；顺乎亲有道，反诸身不
chéng bú shùn hū qīn yǐ chéng shēn yǒu dào bù míng hū
诚，不顺乎亲矣；诚身有道，不明乎
shàn bù chéng hū shēn yǐ
善，不诚乎身矣。

【释义】“在下位的人，如果得不到上级的信任，就不可能治理好百姓；得到上级的信任有办法：如果得不到朋友的信任，就得不到上级的信任；得到朋友的信任有办法：如果不孝顺父母，就得不到朋友的信任；孝顺父母有办法：如果自己不真诚，就不能孝顺父母；使自己真诚有办法：如果不明白什么是善，就不能使自己真诚。

清王素绘《二十四孝图》之《周剡子鹿乳奉亲》

鹿乳奉亲

清任伯年绘《二十四孝图》之《郯子驯鹿求乳》（局部）

tán zǐ shì chūn qiū
郯子是春秋
shí qī tán guó de guó jūn
时期郯国的国君，
duì fù mǔ tè bié xiào shùn
对父母特别孝顺，
xiào xíng yuǎn jìn wén míng
孝行远近闻名。
fù mǔ nián jì dà le
父母年纪大了，
dōu huàn yǒu yán zhòng de yǎn
都患有严重的眼
jí dài fu shuō zuì hǎo
疾，大夫说最好
de bàn fǎ shì shí yòng lù rǔ kě shì lù rǔ zài shì chǎng shang mǎi bú dào
的办法是食用鹿乳。可是，鹿乳在市场上买不到，
yú shì tán zǐ jiù qīn zì dào shān shang qù xiǎng jìn bàn fǎ huò qǔ lù rǔ
于是郯子就亲自到山上去，想尽办法获取鹿乳。

shān shang lù suī rán bù shǎo què nán yǐ jiē jìn wèi le dé dào lù rǔ
山上鹿虽然不少，却难以接近，为了得到鹿乳，
tán zǐ zhǎo lái yì zhāng lù pí pī zài shēn shang hùn zài lù qún zhōng liè rén fā xiàn
郯子找来一张鹿皮披在身上，混在鹿群中。猎人发现
le pī zhe lù pí de tā yǐ wéi shì lù xiǎng shè shā tā tán zǐ gǎn jǐn zhàn
了披着鹿皮的他，以为是鹿，想射杀他。郯子赶紧站
qǐ lái bǎ shí qíng gào su le liè rén liè rén bèi tā de xiào xīn gǎn dòng zuì
起来，把实情告诉了猎人。猎人被他的孝心感动，最
zhōng bāng zhù tā huò qǔ le lù rǔ
终帮助他获取了鹿乳。

chéng zhě tiān zhī dào yě chéng zhī zhě rén zhī
“诚者，天之道也；诚之者，人之
dào yě chéng zhě bù miǎn ér zhòng bù sī ér dé cóng
道也。诚者，不勉而中，不思而得，从
róng zhòng dào shèng rén yě chéng zhī zhě zé shàn ér gù
容中道，圣人也。诚之者，择善而固
zhí zhī zhě yě
执之者也。

【释义】“真诚，是上天赋予的品德；追求真诚，是做人的原则。天生真诚的人，不用勉强就能做到，不用思考就能拥有，从从容容就能符合中庸之道，这样的人是圣人。努力做到真诚的人，就是要选择美好的目标并且执着地追求。

季札挂剑

chūn qiū shí qī wú guó gōng
春秋时期，吴国公
zǐ jì zhá jiǎng xìn yì zhòng yǒu qíng
子季札讲信义、重友情。
yí cì tā fèng mìng chū shǐ běi fāng gè
一次，他奉命出使北方各
guó tú jīng xú guó xú jūn jiàn jì
国，途经徐国，徐君见季

明刻本《三才图会》中的季札画像

清末民初马骀绘《古今人物画谱》之《季札挂剑》，讲述季札守信，在徐君去世后，把当初暗自许诺的宝剑挂在徐君墓旁的故事

札佩戴的宝剑华贵精美，不禁流露出喜爱之意，只是不好开口索取。季札看出徐君喜欢这把剑，有心相赠，想到还要继续出使他国，便打算回来时再送给他。

没想到，季札完成使命回到徐国时，徐君已经去世。季札十分愧疚，摘下宝剑挂在徐君墓前的树上。随行的人不理解他为什么这样做，季札解释说："当初我虽然没说要把剑赠给他，但心里已许诺，我怎能因为他去世就违背自己的心愿呢！"

清刻本《孔子圣迹图》之《题季札墓》，讲述孔子赞许季札事迹，并为其墓题字的故事

bó xué zhī shěn wèn zhī shèn sī zhī míng
“博学之，审问之，慎思之，明
biàn zhī dǔ xíng zhī yǒu fú xué xué zhī fú néng fú
辨之，笃行之。有弗学，学之弗能，弗
cuò yě yǒu fú wèn wèn zhī fú zhī fú cuò yě yǒu
措也；有弗问，问之弗知，弗措也；有
fú sī sī zhī fú dé fú cuò yě yǒu fú biàn biàn
弗思，思之弗得，弗措也；有弗辨，辨
zhī fú míng fú cuò yě yǒu fú xíng xíng zhī fú dǔ
之弗明，弗措也；有弗行，行之弗笃，
fú cuò yě rén yī néng zhī jǐ bǎi zhī rén shí néng
弗措也。人一能之，己百之；人十能
zhī jǐ qiān zhī guǒ néng cǐ dào yǐ suī yú bì míng
之，己千之。果能此道矣，虽愚必明，
suī róu bì qiáng
虽柔必强。”

【释义】“广泛学习，详细询问，周密思考，明确辨别，坚定执行。要么不学，学了没有学会，绝不罢休；要么不问，问了没有明白，绝不罢休；要么不想，想了没有所得，绝不罢休；要么不辨别，辨别了没有明确，绝不罢休；要么不实行，实行了没有笃实，绝不罢休。别人做一次能掌握的，我就做一百次；别人做十次能掌握的，我就做一千次。如果真能够做到这样，即使愚蠢的人也能够变得聪明，即使柔弱的人也能够变得刚强。”

东晋青釉褐斑羊头壶

闻鸡起舞 

zǔ tì shì dōng jìn shí qī de míngjiàng niánshào shí jiù xiōnghuái dà zhì zhōng
祖逖是东晋时期的名将，年少时就胸怀大志。中
yuán bèi xiōng nú qīn zhàn hòu tā jiù bǎ shōu fù zhōngyuán zuò wéi rén shēng de zuì dà
原被匈奴侵占后，他就把收复中原作为人生的最大
mù biāo tā yǒu gè hǎo yǒu jiào liú kūn liǎng rén jīng cháng zài yì qǐ fēn xī zhèng
目标。他有个好友叫刘琨，两人经常在一起分析政
jú chàng tán lǐ xiǎng yì tiān wǎnshang zǔ tì hū rán bèi gōng jī de míng jiào shēng
局，畅谈理想。一天晚上，祖逖忽然被公鸡的鸣叫声
jīng xǐng tā yì jiǎo tī xǐng liú kūn shuō bié rén rèn wéi bàn yè tīng jiàn jī jiào
惊醒，他一脚踢醒刘琨，说："别人认为半夜听见鸡叫
bù jí lì wǒ què bú zhè me xiǎng zhè shēng yīn suī rán bù hǎo tīng què shì cuī
不吉利，我却不这么想，这声音虽然不好听，却是催
cù wǒ men qǐ lái liàn gōng a yú shì
促我们起来练功啊。"于是
liǎng rén xié shǒu ér qǐ liàn jiàn bù zhǐ
两人携手而起，练剑不止，
yǐ cǐ lái jī lì dòu zhì
以此来激励斗志。

hòu lái tā men zhōng yú shōu fù
后来，他们终于收复
le cháng jiāng yǐ běi huáng hé yǐ nán de
了长江以北、黄河以南的
dà piàn shī dì yīn cǐ hòu rén jiù yòng
大片失地。因此，后人就用
wén jī qǐ wǔ lái xíng róng zhì shì fèn
"闻鸡起舞"来形容志士奋
fā zì lì de jīng shén
发自励的精神。

清末民初马骀绘《古今人物画谱》中的《闻鸡起舞》图，讲述祖逖闻鸡起舞奋发图强的故事

第二十一章

【导读】本章阐释“诚”与“明”的关系。由心诚而明白道理，是圣人；由明白道理而心诚，是贤者（汉郑玄观点）。但不管从心诚到明白道理，还是从明白道理到心诚，只要能成功，“诚”“明”就合二为一了。

zì chéng míng wèi zhī xìng zì míng chéng wèi zhī
自诚明，谓之性；自明诚，谓之
jiào chéng zé míng yǐ míng zé chéng yǐ
教。诚则明矣，明则诚矣。

【释义】由内心真诚而达到明白道理，这叫作天性；由明白道理而达到内心真诚，这叫作教育。内心真诚就会明白道理，明白道理也同样会内心真诚。

清人绘吴大帝孙权画像

刮目相看

lǚ méng shì sān guó shí wú guó dà
吕蒙是三国时吴国大
jiàng shēn shòu sūn quán qì zhòng dàn lǚ
将，深受孙权器重。但吕

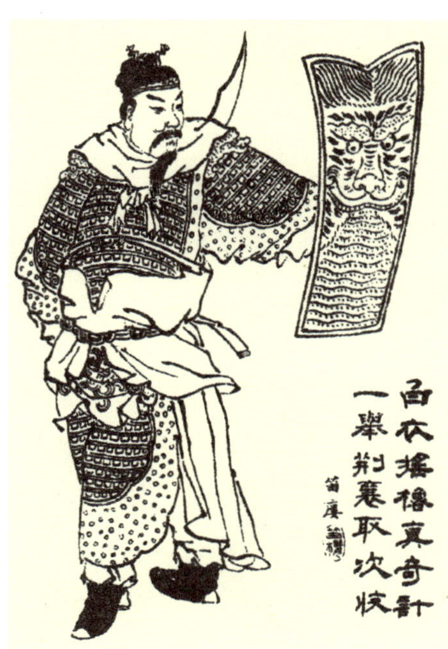

清绣像本《三国演义》中的吕蒙画像

méng chū shēn pín hán méi niàn guo shén me
蒙出身贫寒，没念过什么
shū cháng bèi kàn zuò yí jiè wǔ fū yǒu
书，常被看作一介武夫。有
yí cì sūn quán duì lǚ méng shuō nǐ
一次孙权对吕蒙说：“你
xiàn zài zhǎng wò le dà quán fù zé chǔ
现在掌握了大权，负责处
lǐ guó jiā dà shì bù néng bù xué xí
理国家大事，不能不学习
a jīng cháng kàn shū duō zēng jiā diǎn
啊！经常看书，多增加点
zhī shi huì dà yǒu hǎo chù de lǚ
知识，会大有好处的。”吕
méng tīng le sūn quán de quàn gào kāi shǐ
蒙听了孙权的劝告，开始
dú shū xué xí
读书学习。

dāng chū dà dū du lǔ sù yǒu diǎn kàn
当初，大都督鲁肃有点看
bu qǐ lǚ méng rèn wéi tā méi yǒu wén huà
不起吕蒙，认为他没有文化。
hòu lái lǔ sù dào le lǚ méng de zhù dì hé
后来鲁肃到了吕蒙的驻地，和
tā yì qǐ jiāo tán le yí huì er fā xiàn lǚ
他一起交谈了一会儿，发现吕
méng zhī shi yuān bó jiàn jiě shēn kè bù jīn
蒙知识渊博，见解深刻，不禁
dà wéi kǎi tàn shì bié sān rì dāng guā mù
大为慨叹：“士别三日当刮目
xiāng kàn wǒ guò qù shuō lǚ méng shì yí jiè wǔ
相看，我过去说吕蒙是一介武
fū jīn tiān kàn lái tā xué shí guǎng bó
夫，今天看来，他学识广博，
yǐ fēi xī rì de wú xià ā méng le
已非昔日的吴下阿蒙了！”

清绣像本《三国演义》插图《吕子明白衣渡江》，讲述吕蒙成功偷袭关羽，夺取荆州的故事

第二十二章

【导读】 本章讨论至诚之人的作用。圣人做到“诚”以后，不仅可以发挥自己的本性，还能发挥他人和万物的本性，并最终帮助天地化育生命，与天地并立。

wéi tiān xià zhì chéng wéi néng jìn qí xìng néng jìn
唯天下至诚，为能尽其性；能尽
qí xìng zé néng jìn rén zhī xìng néng jìn rén zhī xìng zé
其性，则能尽人之性；能尽人之性，则
néng jìn wù zhī xìng néng jìn wù zhī xìng zé kě yǐ zàn tiān
能尽物之性；能尽物之性，则可以赞天
dì zhī huà yù kě yǐ zàn tiān dì zhī huà yù zé kě yǐ
地之化育；可以赞天地之化育，则可以
yǔ tiān dì cān yǐ
与天地参矣。

【释义】只有天下最真诚的人，才能充分发挥他的本性；能充分发挥他的本性，就能充分发挥众人的本性；能充分发挥众人的本性，就能充分发挥万物的本性；能充分发挥万物的本性，就可以帮助天地养育万物；能帮助天地养育万物，就可以与天地并列了。

清殿藏本诸葛亮画像

三顾茅庐

dōng hàn mò nián tiān xià dà luàn qún xióng gē jù liú bèi wèi le zhuàng dà
东汉末年，天下大乱，群雄割据。刘备为了壮大
shí lì duō fāng xún qiú xián cái tīng shuō zhū gě liàng jīng tōng wén tāo wǔ lüè yǐn
实力，多方寻求贤才。听说诸葛亮精通文韬武略，隐
jū lóng zhōng jīn hú běi xiāng yáng xī biàn qīn zì dào tā jū zhù de cǎo lú bài fǎng
居隆中(今湖北襄阳西)，便亲自到他居住的草庐拜访。

qián liǎng cì liú bèi dōu méi jiàn dào zhū gě liàng zhǐ hǎo shī wàng ér huí dì
前两次刘备都没见到诸葛亮，只好失望而回。第
sān cì dào dá zhū gě liàng jiā zhū gě liàng zhèng shuì wǔ jiào liú bèi nài xīn děng
三次到达诸葛亮家，诸葛亮正睡午觉，刘备耐心等
dài zhí dào zhū gě liàng xǐng lái zhū gě liàng bèi liú bèi de chéng yì dǎ dòng
待，直到诸葛亮醒来。诸葛亮被刘备的诚意打动，
jué dìng chū shān tā fēn xī le dāng shí de xíng shì tí chū duó qǔ jīng zhōu yì
决定出山。他分析了当时的形势，提出夺取荆州、益
zhōu dōng lián sūn wú běi jù
州，东联孙吴，北拒
cáo cāo de zhàn lüè fāng zhēn zài
曹操的战略方针。在
zhū gě liàng de fǔ zuǒ xià liú
诸葛亮的辅佐下，刘
bèi jiàn lì shǔ hàn zhèng quán chéng
备建立蜀汉政权，成
jiù dì yè yǔ cáo wèi sūn
就帝业，与曹魏、孙
wú zhèng quán dǐng zú ér lì sān
吴政权鼎足而立，三
fēn tiān xià
分天下。

明戴进绘《三顾茅庐图轴》

第二十三章

【导读】本章讨论贤人的作用。贤人从日常的一言一行和细微之处下功夫，也能达到“诚”的境界。贤人达到“诚”的境界后，真诚会表现、显著、发扬光大，并会感动人心，引起变化，最后达到化育万物的目的。

qí cì zhì qū qū néng yǒu chéng chéng zé xíng
其次致曲，曲能有诚，诚则形，
xíng zé zhù zhù zé míng míng zé dòng dòng zé biàn biàn
形则著，著则明，明则动，动则变，变
zé huà wéi tiān xià zhì chéng wéi néng huà
则化。唯天下至诚为能化。

【释义】比圣人差一些的贤人，从平日一言一行着手，在细微之处下功夫，也能达到真诚的境界。达到真诚，真诚就会表现出来，表现出来就会逐渐显著，逐渐显著就会发扬光大，发扬光大就会感动众人，感动众人就会引起转变，引起转变就会化育万物。只有天下最真诚的人才能化育万物。

清人绘张良画像

圯桥进履

张良是西汉名臣，一次在下邳的圯桥边散步时，遇到一个身穿粗布衣裳的老人。老人见张良走过来，把脚上的草鞋甩到桥下，对张良说：“小伙子，给我把鞋捡上来。”张良以为老人故意捉弄他，但见老人年纪很大，便下桥把鞋子捡了上来。老人没有用手接鞋子，而是把脚伸过来，让张良给自己穿上，张良跪着给老人穿上鞋子。

原来，老人是著名学者黄石公。他见张良是个可塑之才，就把兵书《太公兵法》送给了他。此后，张良运用兵法上的智谋，为刘邦出谋划策，成为“运筹帷幄之中，决胜千里之外”的军事家。

清末民初马骀绘《古今人物画谱》之《圯上授书》，描绘张良接受黄石公赠书的场景

第二十四章

【导读】本章讨论“至诚之道”的神妙功用。“至诚”像神灵一样微妙，能够预知未来。国家兴亡时会出现种种征兆，不仅表现在人身上，也体现在占卜中。如果能做到“至诚”，还能预先知道福祸。

zhì chéng zhī dào, kě yǐ qián zhī. guó jiā jiāng xīng, bì yǒu zhēn xiáng; guó jiā jiāng wáng, bì yǒu yāo niè; xiàn hū shī guī, dòng hū sì tǐ. huò fú jiāng zhì: shàn, bì xiān zhī zhī; bú shàn, bì xiān zhī zhī. gù zhì chéng rú shén.

至诚之道，可以前知。国家将兴，必有祯祥；国家将亡，必有妖孽；见乎蓍龟，动乎四体。祸福将至：善，必先知之；不善，必先知之。故至诚如神。

【释义】 真诚到极点，可以预知未来。国家将要兴旺，必然会有吉祥的征兆；国家将要灭亡，必然会有不祥的反常现象。这些征兆呈现在蓍草龟甲上，表现在行为动作上。祸福将要来临时，是福，可以预先知道；是祸，也可以预先知道。所以真诚到极点就像神灵一样灵验。

西周烽火台遗址

烽火戏诸侯

明张居正、吕调阳所撰《帝鉴图说》中的插图《戏举烽火》，讲述周幽王烽火戏诸侯的故事

西周王朝最后一个国王叫周幽王，十分昏庸。他宠爱一个叫褒姒的妃子，褒姒生性忧郁，不爱笑，为了能博得她一笑，周幽王竟无故点燃烽火。烽火是国家在危急时号召诸侯前来救驾的报警信号，诸侯发现烽火燃起，纷纷率兵赶来，到了才发现这竟是周幽王开的一场玩笑。此后，周幽王又多次点燃烽火，诸侯屡次上当后，对烽火报警都已麻木不仁，不再相信周幽王了。

不久，西方的犬戎族入侵，周幽王再次点燃烽火时，没有一个诸侯来救他。最后，周幽王被杀于骊山，褒姒也被犬戎掳走，西周灭亡。

第二十五章

【导读】 本章讨论“诚”的作用。朱熹认为，诚是从内心的角度来说的，是本（本质）；道是从事理的角度来说的，是用（方法）。“诚”不仅是自我完善，还要完善万物。自我完善是仁，完善万物是智，仁和智都是本性固有的品德。

chéng zhě zì chéng yě ér dào zì dǎo yě chéng
诚者自成也，而道自道也。诚
zhě wù zhī zhōng shǐ bù chéng wú wù shì gù jūn zǐ
者，物之终始，不诚无物。是故君子
chéng zhī wéi guì chéng zhě fēi zì chéng jǐ ér yǐ yě
诚之为贵。诚者，非自成己而已也，
suǒ yǐ chéng wù yě chéng jǐ rén yě chéng wù zhì
所以成物也。成己，仁也；成物，知
yě xìng zhī dé yě hé wài nèi zhī dào yě gù shí cuò
也。性之德也，合外内之道也，故时措
zhī yí yě
之宜也。

【释义】真诚是自我的完善，道是自我的引导。真诚贯穿万物发展的始终，没有真诚就没有万物。因此君子以真诚为贵。真诚并不是自我完善就够了，它还要完善万物。自我完善，是仁义的表现；完善万物，是智慧的表现。仁义和智慧是本性中固有的品德，是融合自身与外物的准则，所以任何时候施行都是合适的。

程门立雪

清上官周绘《晚笑堂竹庄画传》中的杨时画像

yáng shí shì běi sòng zhù míng xué
杨时是北宋著名学
zhě kǎo zhòng jìn shì hòu wèi le tí
者，考中进士后，为了提
gāo xué shí fàng qì zuò guān de jī huì
高学识，放弃做官的机会，
bù yuǎn qiān lǐ lái dào hé nán bài chéng hào
不远千里来到河南拜程颢
wéi shī chéng hào qù shì hòu yòu bài
为师。程颢去世后，又拜
chéng hào de dì di chéng yí wéi shī
程颢的弟弟程颐为师。

yǒu yì nián dōng tiān yáng shí dú
有一年冬天，杨时读
shū yù dào yí wèn biàn hé tóng xué yóu zuò
书遇到疑问，便和同学游酢
qù chéng yí jiā qǐng jiào dāng shí tiān
去程颐家请教。当时，天
kōng zhōng piāo zhe dà xuě dāng tā men lái
空中飘着大雪。当他们来
dào lǎo shī jiā shí jiàn lǎo shī zuò zài yǐ zi shang shuì zháo le wèi le bù yǐng xiǎng
到老师家时，见老师坐在椅子上睡着了。为了不影响
lǎo shī xiū xi tā men gōng gōng jìng jìng de zhàn zài mén qián děng hòu dāng chéng yí
老师休息，他们恭恭敬敬地站在门前等候。当程颐
xǐng lái shí chuāng wài de xuě yǐ jīng jī le yì chǐ hòu yáng shí hé yóu zuò shēn shang
醒来时，窗外的雪已经积了一尺厚，杨时和游酢身上
luò mǎn le xuě jī hū biàn chéng le xuě rén chéng yí shēn wéi tā men chī xīn
落满了雪，几乎变成了“雪人”。程颐深为他们痴心
xué wen zūn jìng shī zhǎng de jīng shén suǒ dǎ dòng xì xīn de wèi tā men jiě dá le
学问、尊敬师长的精神所打动，细心地为他们解答了
yí wèn
疑问。

第二十六章

【导读】 本章阐释“至诚”的功用和意义。从人的角度说，如果能做到“至诚”，就可以经久不息，进而覆载万物，成就万物。从天地的角度说，只要不断积累，就可以汇成无限的宇宙，这与“至诚无息”同理，可见天道与人道是相通的。

gù zhì chéng wú xī bù xī zé jiǔ jiǔ zé
故至诚无息，不息则久，久则
zhēng zhēng zé yōu yuǎn yōu yuǎn zé bó hòu bó hòu zé
徵，徵则悠远，悠远则博厚，博厚则
gāo míng bó hòu suǒ yǐ zài wù yě gāo míng suǒ yǐ
高明。博厚，所以载物也；高明，所以
fù wù yě yōu jiǔ suǒ yǐ chéng wù yě bó hòu pèi
覆物也；悠久，所以成物也。博厚配
dì gāo míng pèi tiān yōu jiǔ wú jiāng rú cǐ zhě bú
地，高明配天，悠久无疆。如此者，不
xiàn ér zhāng bú dòng ér biàn wú wéi ér chéng
见而章，不动而变，无为而成。

【释义】 所以，极端真诚是永不停止的，永不停止就会保持长久，保持长久就会显露出来，显露出来就会悠远长久，悠远长久就会广博深厚，广博深厚就会高大光明。广博深厚可以用来承载万物，高大光明可以用来覆盖万物，悠远长久可以用来成就万物。广博深厚可

以与地匹配，高大光明可以与天匹配，悠远长久则是永无止境。达到这样的境界，不必表现也会彰显，不必活动也会变化，无所作为也会有所成就。

孟宗泣竹

sān guó shí qī wú guó jiāng xià yǒu yí gè jiào mèng zōng de xiào zǐ duì mǔ
三国时期，吴国江夏有一个叫孟宗的孝子，对母
qīn zhào gù de shí fēn zhōu dào
亲照顾得十分周到。
yì nián dōng tiān mèng mǔ shēng
一年冬天，孟母生
bìng lián xù jǐ tiān méi yǒu wèi
病，连续几天没有胃
kǒu shēn tǐ rì jiàn xiāo shòu
口，身体日渐消瘦。
mèng zōng jí huài le wèn mǔ qīn
孟宗急坏了，问母亲
xiǎng chī shén me mèng mǔ shuō xiǎng
想吃什么。孟母说想
chī zhú sǔn mèng zōng tīng hòu
吃竹笋。孟宗听后，
mǎ shàng pǎo dào shān shang de zhú
马上跑到山上的竹
lín zhōng sì chù wā jué xī
林中，四处挖掘，希
wàng néng zhǎo dào zhú sǔn kě shì
望能找到竹笋。可是
dāng shí zhèng zhí dōng tiān nǎ lǐ
当时正值冬天，哪里
yǒu zhú sǔn ne
有竹笋呢？

清刻本《二十四孝图说》之《哭竹生笋》，描绘孟宗在竹林边哭泣，旁边一个儿童正若有所思地观望的场景

宋元时期画像砖《孟宗哭笋》，描绘孟宗跪在地上放声痛哭的场景

mèng zōng wú jì kě shī jí de
孟宗无计可施，急得
dà kū qǐ lái zhè yì kū qí jì jìng
大哭起来。这一哭，奇迹竟
chū xiàn le dì shang hū rán mào chū le zhú
出现了，地上忽然冒出了竹
sǔn yuán lái mèng zōng de xiào xīn gǎn dòng
笋。原来，孟宗的孝心感动
le shàng tiān tiān dì hěn tóng qíng tā mǎn
了上天，天帝很同情他，满
zú le tā de yāo qiú mèng zōng gāo xìng de
足了他的要求。孟宗高兴地
bǎ zhú sǔn ná huí jiā jǐ mǔ qīn chī mǔ
把竹笋拿回家给母亲吃，母
qīn de bìng jìng shén qí bān de hǎo zhuǎn
亲的病竟神奇般地好转。

清王素绘《二十四孝图》之《孟宗哭竹得笋》

tiān dì zhī dào kě yì yán ér jìn yě qí wéi wù
天地之道，可一言而尽也：其为物
bú èr zé qí shēng wù bú cè tiān dì zhī dào bó
不贰，则其生物不测。天地之道：博
yě hòu yě gāo yě míng yě yōu yě jiǔ yě
也，厚也，高也，明也，悠也，久也。
jīn fú tiān sī zhāozhāo zhī duō jí qí wú qióng yě
今夫天，斯昭昭之多，及其无穷也，
rì yuè xīng chén xì yān wàn wù fù yān jīn fú dì
日月星辰系焉，万物覆焉。今夫地，
yì cuō tǔ zhī duō jí qí guǎng hòu zài huà yuè ér bú
一撮土之多，及其广厚，载华岳而不
zhòng zhèn hé hǎi ér bú xiè wàn wù zài yān jīn fú
重，振河海而不泄，万物载焉。今夫
shān yì quán shí zhī duō jí qí guǎng dà cǎo mù shēng
山，一卷石之多，及其广大，草木生
zhī qín shòu jū zhī bǎo zàng xīng yān jīn fú shuǐ
之，禽兽居之，宝藏兴焉。今夫水，
yì sháo zhī duō jí qí bú cè yuán tuó jiāo
一勺之多，及其不测，鼋、鼍、鲛、
lóng yú biē shēng yān huò cái zhí yān
龙、鱼、鳖生焉，货财殖焉。

【释义】天地的法则，用一个“诚”字就可以概括了。诚本身专一不二，所以生育万物神秘莫测。天地的法则，就是广博、深厚、高大、光明、悠远、长久。今天我们所说的天，不过是由一点点的光明

聚积起来的，可等到它无边无际时，日月星辰都悬挂在上面，世界万物都被覆盖在下面。今天我们所说的地，不过是由一小撮一小撮土聚积起来的，可等到它广博深厚时，承载华山不觉得重，容纳河海不会泄漏，世间万物都由它承载。今天我们所说的山，不过是由拳头大的石块聚积起来的，可等到它高大无比时，草木在上面生长，禽兽在上面居住，宝藏在里面储藏。今天我们所说的水，不过是由一勺勺水聚积起来的，可等到它深不见底时，鼋（大鳖）、鼍（扬子鳄）、鲛（鲨鱼）、龙、鱼、鳖等都在里面生长，各种物产资源都在里面繁殖。

两个和尚

南宋佚名绘《十六罗汉朝观音图》（局部）

xiāngchuán zài sì chuān
相传，在四川
yǒu liǎng gè hé shang yí gè
有两个和尚，一个
hěn qióng yí gè què xiāng dāng
很穷，一个却相当
fù yǒu tā men dōu xiǎng dào
富有，他们都想到
nán hǎi qù bài fó qióng hé
南海去拜佛。穷和
shang bǎ zì jǐ de xiǎng fǎ gào
尚把自己的想法告
su le fù hé shang wǒ
诉了富和尚：“我
xiǎng dào nán hǎi qù bài fó
想到南海去拜佛，
nǐ rèn wéi zěn me yàng fù hé shang què shuō wǒ hěn yǒu qián yì zhí xiǎng
你认为怎么样？”富和尚却说：“我很有钱，一直想

mǎi tiáo chuán dào nán hǎi qù dàn dào xiàn
买条船到南海去，但到现
zài yuàn wàng hái méi yǒu shí xiàn wǒ zhè
在愿望还没有实现，我这
me hǎo de tiáo jiàn dōu méi yǒu qù chéng
么好的条件都没有去成，
nǐ kào bù xíng zěn me kě néng bàn dào
你靠步行怎么可能办到
ne qióng hé shang méi zài duō shuō
呢？”穷和尚没再多说。

清剔红铜胎七佛钵，钵为古代和尚用的饭碗

yì nián hòu
一年后，
qióng hé shang lì jīng qiān
穷和尚历经千
xīn wàn kǔ cóng nán hǎi
辛万苦，从南海
huí dào sì chuān tā zhǎo
回到四川。他找
dào fù hé shang shuō
到富和尚，说：
wǒ yǐ jīng cóng nán hǎi
“我已经从南海
huí lái le nǐ qù le
回来了，你去了
ma fù hé shang jiàn
吗？”富和尚见
zhuàng xiū kuì de mǎn tóu
状，羞愧得满头
dà hàn yí jù huà yě
大汗，一句话也
shuō bù chū lái
说不出来。

佚名绘《罗汉图》

shī yún wéi tiān zhī mìng wū mù bù
《诗》云：“维天之命，於穆不
yǐ gài yuē tiān zhī suǒ yǐ wéi tiān yě wū hū pī
已。”盖曰天之所以为天也。“於乎不
xiǎn wén wáng zhī dé zhī chún gài yuē wén wáng zhī suǒ
显，文王之德之纯！”盖曰文王之所
yǐ wéi wén yě chún yì bù yǐ
以为文也，纯亦不已。

【释义】《诗经·周颂·维天之命》说：“天道的运行多么肃穆啊，永不停止！”大概说的是天之所以为天的原因吧。“多么显赫光明啊，文王的品德多么纯正！”大概说的是文王之所以被称为文王的原因吧，他的纯正是永不止息的。

文王筑台

zhōu wén wáng shì xī zhōu wáng cháo
周文王是西周王朝
de diàn jī zhě yǐ xián dé zhù chēng yí
的奠基者，以贤德著称。一
cì wén wáng yào xiū zhù gāo tái wā
次，文王要修筑高台，挖
jué shēn chí bǎi xìng tīng le fēn fēn
掘深池，百姓听了，纷纷

明刻本《历代古人像赞》中的周文王画像

清焦秉贞绘《历朝贤后故事图》之《麟趾贻休》，赞美周文王后妃太姒的仁厚之德

带着干粮，拿着工具，自告奋勇地前来参加劳动。文王怕他们累着，反复叮嘱他们慢慢来，不要累坏了身体。百姓听了文王的话，反而干得更加起劲儿，劳动更加快乐了。

高台建成，深池挖好，百姓把台叫作灵台，把池叫作灵池，并为这里跑有麋鹿、游有鱼鳖感到高兴。所以《诗经·灵台》说："灵台初建，百姓尽力。王说不急，民更用力。王到鹿苑，鹿卧鸟飞。王到灵池，鱼跃水碧。"这是多么令人快乐的事！

明焦竑著《养正图解》中的插图《振贷贫民》，讲述周文王以民为本，与太公望赈济贫民的故事

第二十七章

【导读】 本章，朱熹认为是阐释“天道”。首先赞美圣人之道，然后阐明欲行圣人之道，必须修德（尊德性）、勤学（道问学），再引《诗经》说明，践行圣人之道的君子，如果能做到“既明且哲”，就可以保身兴国。

dà zāi shèng rén zhī dào yáng yáng hū fā
大哉，圣人之道！洋洋乎，发
yù wàn wù jùn jí yú tiān yōu yōu dà zāi lǐ yí
育万物，峻极于天。优优大哉！礼仪
sān bǎi wēi yí sān qiān dài qí rén ér hòu xíng gù
三百，威仪三千，待其人而后行。故
yuē gǒu bú zhì dé zhì dào bù níng yān gù
曰：“苟不至德，至道不凝焉。”故
jūn zǐ zūn dé xìng ér dào wèn xué zhì guǎng dà ér jìn jīng
君子尊德性而道问学，致广大而尽精
wēi jí gāo míng ér dào zhōng yōng wēn gù ér zhī xīn
微，极高明而道中庸。温故而知新，
dūn hòu yǐ chóng lǐ
敦厚以崇礼。

【释义】 伟大啊，圣人之道！浩瀚无边啊！它生养万物，与天一样崇高。充足而有余啊！礼仪有三百条，威仪有三千条，等待圣人来

实行。所以说，如果没有极高的德行，就不能成就极高的道。因此，君子尊崇道德修养而又追求知识学问；既达到广博的地位，又穷尽精微之处；既达到高明的境界，又奉行中庸之道。温习学过的知识，从而获得新知识；既为人宽厚，又崇尚礼仪。

圣人孔子

孔子，名丘，字仲尼，鲁国陬邑（今山东曲阜东南）人。春秋末期思想家、政治家和教育家，儒家的创始者。早年家贫，曾做过管理仓库和看管牛羊的小官；中年聚徒讲学，并从事政治活动；五十岁

明佚名绘《孔子圣迹图》之《退修诗书》，描绘孔子不愿出仕为官，退居在家，修诗书，定礼乐，很多弟子前来受业的场景

台北故宫博物院藏孔子画像

shí céng rèn lǔ guó sī kòu shè xíng
时曾任鲁国司寇，摄行
xiàng shì hòu shuài dì zǐ zhōu yóu liè
相事；后率弟子周游列
guó xuān chuán zhèng zhì zhǔ zhāng lǚ
国，宣传政治主张，屡
lǚ pèng bì wǎn nián huí dào lǔ guó
屡碰壁。晚年回到鲁国，
zhì lì yú wén xiàn zhěng lǐ hé jiào yù
致力于文献整理和教育
gōng zuò
工作。

kǒng zǐ yì shēng kǎn kē suī
孔子一生坎坷，虽
zhǔ zhāng bú bèi lǐ jiě sì chù pèng
主张不被理解，四处碰
bì láng bèi bù kān dàn tā xīn dì zhì chéng xiōng huái kuān guǎng yīn cǐ bèi hòu
壁，狼狈不堪，但他心地至诚，胸怀宽广，因此被后
shì fèng wéi zhì shèng xiān shī dàng zuò wàn shì shī biǎo chēng sòng xué xí
世奉为至圣先师，当作万世师表称颂学习。

明佚名绘《孔子圣迹图》之《删述六经》，描绘孔子退居在家，删述六经，许多弟子前来受业的场景

shì gù jū shàng bù jiāo wéi xià bú bèi guó yǒu
是故居上不骄，为下不倍。国有
dào qí yán zú yǐ xīng guó wú dào qí mò zú yǐ
道，其言足以兴；国无道，其默足以
róng shī yuē jì míng qiě zhé yǐ bǎo qí
容。《诗》曰：“既明且哲，以保其
shēn qí cǐ zhī wèi yú
身。”其此之谓与！

【释义】所以君子身居上位不骄傲，身居低位不悖逆。国家政治清明时，他的言论足以振兴国家；国家政治黑暗时，他的沉默足以保全自己。《诗经·大雅·烝民》说：“既明智又通达事理，可以保全自身。”大概说的就是这个意思吧！

原宪安贫

yuán xiàn shì kǒng zǐ de xué shēng yǐ ān pín lè
原宪是孔子的学生，以安贫乐
dào zhù chēng yuán xiàn zài lǔ guó de shí hou shēng huó fēi
道著称。原宪在鲁国的时候，生活非
cháng qīng pín fáng zi shì yòng qīng cǎo dā de mén shì
常清贫，房子是用青草搭的，门是
yòng péng cǎo biān de qiáng shang yǒu xǔ duō dòng jǐn guǎn
用蓬草编的，墙上有许多洞。尽管

春秋环带纹壶

清人绘原宪画像

shēng huó tiáo jiàn rú cǐ jiān kǔ dàn rén men jīng
生活条件如此艰苦，但人们经
cháng kàn dào yuán xiàn zài jiā zhōng zhèng jīn duān zuò
常看到原宪在家中正襟端坐，
rèn zhēn dú shū méi yǒu bàn diǎn yuàn qì
认真读书，没有半点怨气。

yì tiān zǐ gòng qián lái bài fǎng yuán xiàn
一天，子贡前来拜访原宪，
kàn dào yuán xiàn shǒu zhǔ lí mù shǒu zhàng tóu shang
看到原宪手拄藜木手杖，头上
dài zhe yòng huà mù pí zuò de mào zi jiǎo shang
戴着用桦木皮做的帽子，脚上
chuān zhe wú gēn tuō xié chū lái yíng jiē hái yǐ wéi
穿着无跟拖鞋出来迎接，还以为
tā bìng le yuán xiàn duì tā shuō méi yǒu cái fù
他病了。原宪对他说：“没有财富
jiào pín xué ér wú néng jiào bìng wǒ xiàn zài shì pín bú shì bìng jūn zǐ dān
叫贫，学而无能叫病。我现在是贫，不是病。君子担
xīn xué ér bù néng què bù dān xīn pín qióng zǐ gòng tīng hòu miàn lù kuì sè
心学而不能，却不担心贫穷。”子贡听后，面露愧色。

明阙名撰《孔门儒教列传》之《原宪瓮牖甘贫》，描绘原宪在简陋的房屋中读书的场景

第二十八章

【导读】 本章，孔子指出三种会招致灾祸的情况，“愚而好自用”“贱而好自专”“生乎今之世，反古之道”，三者居其一，就会招致灾祸。作者认为“议礼”“制度”“考文”这三件事，只有天子才有资格做，有德无位或有位无德者都不可以随便制礼作乐。

zǐ yuē yú ér hào zì yòng jiàn ér hào zì
子曰：“愚而好自用，贱而好自
zhuān shēng hū jīn zhī shì fǎn gǔ zhī dào rú cǐ zhě
专；生乎今之世，反古之道；如此者，
zāi jí qí shēn zhě yě
烖及其身者也。”

【释义】孔子说：“愚昧却喜欢自以为是，卑贱却喜欢独断专行，生于现在的时代，却一心想恢复古代的制度。这样做，灾祸一定会降临到他的身上。”

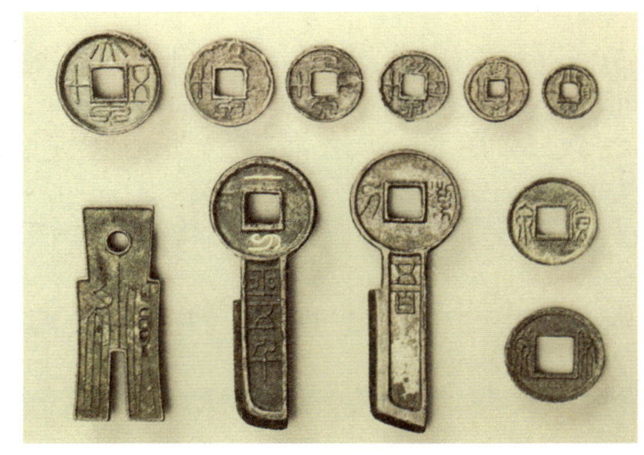

王莽时期进行了一系列改革，其中货币改革十分混乱，但却留下了精美的铸币，上图为王莽时期的铸币

王莽改制

王莽画像

西汉末年，外戚王莽篡夺政权，建立新朝。当时，土地兼并严重，农民破产流亡，社会矛盾突出，统治危机四伏。为摆脱政治危机，王莽进行了一系列改革：宣布王田制，禁止土地买卖；运用政府权力控制市场，平抑物价；盐铁官营，官府统一铸钱；禁止买卖奴婢等。

王莽改制没有从根本上触动地主豪强的利益，而是企图用复古的办法解决土地问题，根本行不通。加之改革期间，法律苛严，官吏舞弊，政策朝令夕改，更加剧了社会危机。改制很快失败，并导致全国性的农民大起义，王莽被杀，新朝灭亡。

西汉透雕玉饰

非天子，不议礼，不制度，不考文。今天下车同轨，书同文，行同伦。虽有其位，苟无其德，不敢作礼乐焉；虽有其德，苟无其位，亦不敢作礼乐焉。

【释义】如果不是天子，就不要议订礼仪，不要制订法度，不要考订文字。现在天下车子的轮距一致，文字的字体统一，伦理的道德标准相同。即使有天子的地位，如果没有相应的德行，是不敢制作礼乐制度的；即使有相应的德行，如果没有天子的地位，也是不敢制作礼乐制度的。

暴虐亡国

隋炀帝是中国历史上的暴君，通过杀兄害父，夺得帝位。在位期间，大兴土木，

隋唐洛阳城莲花纹方砖

唐阎立本绘《历代帝王图卷》中的隋炀帝画像

yì shǐ wú dù wèi yíng jiàn dōng dū luò
役使无度。为营建东都洛
yáng tā měi yuè zhēng yòng èr bǎi wàn láo
阳，他每月征用二百万劳
lì fèi shí yì nián tā qián hòu sān
力，费时一年；他前后三
cì xià lìng dà guī mó xīng xiū yùn hé
次下令大规模兴修运河，
zhēng jí mín gōng shù bǎi wàn hào shí liù
征集民工数百万，耗时六
nián tā guǎng xiū bié guǎn dà shì xún
年；他广修别馆，大事巡
yóu zào lóng zhōu yóu jiāng dū jīn
游，造龙舟，游江都（今
jiāng sū yáng zhōu yán tú bǎi xìng shēn
江苏扬州），沿途百姓深
shòu qí hài tā hái xiū cháng chéng kāi
受其害；他还修长城，开
chí dào sān zhēng gāo lí pò shǐ shù
驰道，三征高丽，迫使数
bǎi wàn bǎi xìng bèi jǐng lí xiāng
百万百姓背井离乡。

gōng yuán nián gè dì nóng
公元611年，各地农
mín fēn fēn qǐ yì háo zú yě chéng
民纷纷起义，豪族也乘
jī qǐ bīng suí yáng dì zhòng pàn qīn
机起兵。隋炀帝众叛亲
lí gōng yuán nián zài jiāng dū bèi
离，公元618年在江都被
jìn jūn jiàng lǐng yǔ wén huà jí děng rén lēi
禁军将领宇文化及等人勒
sǐ yí dài bào jūn zuì zhōng luò le
死，一代暴君，最终落了
gè shēn sǐ guó wáng de xià chǎng
个身死国亡的下场。

清冷枚绘《十宫词图册》之隋宫图，描绘隋宫中的奢华生活

子曰：“吾说夏礼，杞不足徵也；吾学殷礼，有宋存焉；吾学周礼，今用之，吾从周。”

【释义】孔子说：“我谈论夏朝的礼制，夏的后裔杞国已不足以验证它；我学习殷朝的礼制，殷的后裔宋国还保存了一些；我学习周朝的礼制，现在还在使用，所以我遵从周礼。”

秉烛而学

师旷是春秋时期晋国的乐师，曾劝谏晋平公学习。一天，晋平公问师旷：“我已经七十岁了，还想再学习，是不是有点儿晚了？”师旷答道：“没

四川雅安姚桥乡出土的《师旷鼓琴》画像石

明金忠编《瑞世良英》卷一之《晋平公问于师旷》，描绘师旷与晋平公谈论人君之道的场景

关系，只要您还想学习，为什么不点燃蜡烛呢？”晋平公以为师旷话中有嘲讽之意，便责怪道：“哪有臣子跟君主随便开玩笑的！”

师旷见晋平公误解了自己的意思，于是解释道：“我怎敢戏弄君主呢？我曾听说：少年好学，就像初升的太阳一样；中年好学，就像正午的太阳一样；晚年好学，就像点亮蜡烛一样。烛光虽然微弱，总比在黑暗中摸索好吧？”晋平公听后，深表赞同。

春秋铜方壶

第二十九章

【导读】本章，作者指出“议礼”“制度”“考文”是治理天下的三件大事，同时提出“君子之道”的六条原则，如果君子能遵循它们，那么言语行动就会成为天下的法则，他也会成为天下人敬仰的对象。

wàng tiān xià yǒu sān zhòng yān qí guǎ guò yǐ hū
王天下有三重焉，其寡过矣乎！
shàng yān zhě suī shàn wú zhēng wú zhēng bú xìn bú xìn
上焉者，虽善无徵，无徵不信，不信
mín fú cóng xià yān zhě suī shàn bù zūn bù zūn bú
民弗从。下焉者，虽善不尊，不尊不
xìn bú xìn mín fú cóng
信，不信民弗从。

【释义】治理天下能够做好议订礼仪、制订法度、考订文字这三件重要的事，就很少有过失了吧！夏商的制度虽好，但如果没有验证的活，就不能使人信服，不能使人信服，百姓就不会听从。像孔子这样在下位的人，虽然德行美好，但没有尊贵的地位，没有尊贵的地位，就不能使人信服，不能使人信服，百姓就不会听从。

广开言路

清殿藏本魏徵画像

táng cháo chū nián wèi zhēng rèn jiàn yì dà
唐朝初年，魏徵任谏议大
fū duō cì quàn jiàn táng tài zōng yí cì táng
夫，多次劝谏唐太宗。一次，唐
tài zōng tóng wèi zhēng tán huà shí xián shàng shū nà jiàn
太宗同魏徵谈话时，嫌上书纳谏
de rén tài duō rèn wéi yǒu xiē jiàn yì chún shǔ wú
的人太多，认为有些谏议纯属无
jī zhī tán zhǔn bèi hěn hěn chì zé zhè xiē rén wèi
稽之谈，准备狠狠斥责这些人。魏
zhēng quàn dào gǔ dài shèng wáng shù lì fěi bàng
徵劝道：“古代圣王树立诽谤
zhī mù ràng tiān xià rén zì yóu fā biǎo yì jiàn zhǐ chū zhí zhèng hé dé xíng de guò
之木，让天下人自由发表意见，指出执政和德行的过
shī bì xià yīng gāi guǎng kāi yán lù ràng rén men jìn qíng yì lùn shuō chū tā men
失。陛下应该广开言路，让人们尽情议论，说出他们
xiǎng shuō de huà cóng ér shǐ bì xià zhī dào zì jǐ de guò shī cái huì duì zhì lǐ
想说的话，从而使陛下知道自己的过失，才会对治理
guó jiā yǒu lì a táng tài zōng shēn biǎo rèn tóng
国家有利啊！”唐太宗深表认同。

hòu lái wèi zhēng qù shì táng tài zōng hěn shāng
后来，魏徵去世，唐太宗很伤
xīn gǎn tàn dào yǐ tóng wéi jiàn kě zhèng yī guān
心，感叹道：“以铜为鉴，可正衣冠；
yǐ gǔ wéi jiàn kě zhī xīng tì yǐ rén wéi jiàn kě míng
以古为鉴，可知兴替；以人为鉴，可明
dé shī rú jīn wèi zhēng qù shì wǒ shī qù le yí miàn jìng
得失。如今魏徵去世，我失去了一面镜
zi a
子啊！”

题徐仲和临阎立本画《唐太宗纳谏图》

gù jūn zǐ zhī dào běn zhū shēn zhēng zhū shù mín
故君子之道，本诸身，徵诸庶民，
kǎo zhū sān wáng ér bú miù jiàn zhū tiān dì ér bú bèi
考诸三王而不缪，建诸天地而不悖，
zhì zhū guǐ shén ér wú yí bǎi shì yǐ sì shèng rén ér bú
质诸鬼神而无疑，百世以俟圣人而不
huò zhì zhū guǐ shén ér wú yí zhī tiān yě bǎi shì yǐ
惑。质诸鬼神而无疑，知天也；百世以
sì shèng rén ér bú huò zhī rén yě
俟圣人而不惑，知人也。

【释义】所以君子治理天下，应该以修养自身的品德为根本，并从百姓那里得到验证。考查夏、商、周三代先王的制度而没有错误，立于天地之间而没有悖乱，质询鬼神而没有疑问，百世以后圣人出现也不会产生疑惑。质询鬼神而没有疑问，是知道天理；百世以后圣人出现也不会产生疑惑，是知道人意。

晋文公伐原

春秋蟠虺纹鉴

chūn qiū shí qī zhōu wáng shì fā shēng nèi
春秋时期，周王室发生内
luàn jìn wén gōng yīn qín wáng yǒu gōng bèi zhōu
乱，晋文公因勤王有功，被周

南宋李唐绘《晋文公复国图》（局部），描绘晋文公到达楚国后，被楚王送回秦国的场景

襄王赐以阳樊、温、原等八邑的土地。原国本来是周大夫伯贾的封地，因封地被剥夺，伯贾怀恨在心，散布谣言说，晋军围攻阳樊，屠杀了全城百姓。原国百姓十分恐惧，誓死守城。

晋国大夫赵衰说：“原人不归服晋国，是因为没有建立起信义。大王要想建立信义，就命军队只带三天的军粮，三天不能攻取原国，就撤兵。”晋文公采纳了他的建议。三天后，晋国没有攻下原国，晋文公宣布撤兵。原国百姓奔走相告，认为晋文公是难得的有道之君，争相前来投奔。

明焦竑著《养正图解》中的插图《自结履系》，描绘晋文公自系鞋带，礼待臣下的场景

shì gù jūn zǐ dòng ér shì wéi tiān xià dào xíng ér
是故君子动而世为天下道，行而
shì wéi tiān xià fǎ yán ér shì wéi tiān xià zé yuǎn zhī zé
世为天下法，言而世为天下则。远之则
yǒu wàng jìn zhī zé bú yàn shī yuē zài bǐ
有望，近之则不厌。《诗》曰：“在彼
wú wù zài cǐ wú yì shù jī sù yè yǐ yǒng zhōng
无恶，在此无射。庶几夙夜，以永终
yù jūn zǐ wèi yǒu bù rú cǐ ér zǎo yǒu yù yú tiān xià
誉。”君子未有不如此而蚤有誉于天下
zhě yě
者也。

【释义】 所以君子的举动能世世代代成为天下的楷模，行为能世世代代成为天下的法度，语言能世世代代成为天下的准则。距离君子远的人仰慕他，距离君子近的人不厌恶他。《诗经·周颂·振鹭》说：“在那里没有人憎恶，在这里没有人厌烦。日日夜夜操劳啊，永远保持美好的名望。”君子没有不这样做，而能早早在天下获得好名声的。

崇师问道

wáng guī shì táng chū dà chén bǎo dú shī
王珪是唐初大臣，饱读诗

唐三彩盖罐

台北故宫博物院藏唐太宗画像（局部）

shū wéi rén chén jìng táng tài zōng jí wèi
书，为人沉静，唐太宗即位
hòu zhào tā zuò jiàn yì dà fū wáng guī zì
后召他做谏议大夫。王珪自
jǐ shēng huó jiǎn pǔ duì zú rén hé jìn
己生活简朴，对族人和近
lín què chù chù guān zhào shēn dé cháo yě hǎo
邻却处处关照，深得朝野好
píng táng tài zōng tè yì ràng tā zuò wèi wáng
评。唐太宗特意让他做魏王
lǐ tài de lǎo shī
李泰的老师。

yì tiān lǐ tài wèn wáng guī zěn yàng
一天，李泰问王珪怎样
zuò cái suàn zhōng xiào wáng guī shuō dāng
做才算忠孝，王珪说：“当
jīn huáng shang shì nǐ de guó jūn nǐ duì
今皇上是你的国君，你对
tā yào zhōng xīn dāng jīn huáng shang yòu shì
他要忠心；当今皇上又是
nǐ de fù qīn nǐ duì tā yào xiào shùn
你的父亲，你对他要孝顺，
zhè yàng zuò jiù kě yǐ jiàn gōng lì yè le
这样做就可以建功立业了。
cóng qián dāng bié rén wèn liú xiù de ér zi
从前，当别人问刘秀的儿子
liú cāng zuò shén me zuì kuài lè shí tā
刘苍做什么最快乐时，他
shuō zuò shàn shì zuì kuài lè xī wàng nǐ
说做善事最快乐，希望你
jì zhù zhè jù huà táng tài zōng tīng shuō
记住这句话。”唐太宗听说
zhè jiàn shì gāo xìng de shuō wǒ ér
这件事，高兴地说：“我儿
zi bú huì fàn cuò wù le
子不会犯错误了！”

明焦竑著《养正图解》中的插图《崇师问道》，描绘唐太子李泰礼尊其师王珪，虚心求教的场景

第三十章

【导读】本章赞美孔子，不仅从正面赞颂孔子的功德，还将孔子与天地作比，说明孔子之所以为圣人的原因。最后，还赞美了天地之所以伟大的原因。

zhòng ní zǔ shù yáo shùn xiàn zhāng wén wǔ
仲尼祖述尧、舜，宪章文、武；
shàng lǜ tiān shí xià xí shuǐ tǔ pì rú tiān dì zhī wú bù
上律天时，下袭水土。辟如天地之无不
chí zài wú bú fù dào pì rú sì shí zhī cuò xíng rú
持载，无不覆帱；辟如四时之错行，如
rì yuè zhī dài míng wàn wù bìng yù ér bù xiāng hài dào bìng
日月之代明。万物并育而不相害，道并
xíng ér bù xiāng bèi xiǎo dé chuān liú dà dé dūn huà
行而不相悖。小德川流，大德敦化。
cǐ tiān dì zhī suǒ yǐ wéi dà yě
此天地之所以为大也。

【释义】孔子继承尧、舜的传统，以周文王、周武王为典范，上遵循天时运行的规律，下符合水土地理的环境。就像天地那样没有什么不能承载，没有什么不能覆盖；又好像四季的交错运行，日月的交替照耀。万物共同生长而互不妨害，天地之道同时并行而互不冲突。小的德行如河水一样川流不息，大的德行敦厚纯朴，化育万物。这就是天地的伟大之处啊！

至德之人

战国时期，庄子的弟子问他世上是否有至德之人，庄子说：“孔子就是啊！一次，孔子游历到卫国匡地，被卫国人层层包围，但他仍不停地弹琴高歌。学生子路问他为什么如此快乐，孔子说：‘我早就忌讳穷困，却难免穷困潦倒，这是命运不好啊！我追求通达得意，却一直未能实现，这是时运不好啊！刀剑横在面前，视死如归，这是壮烈之士的勇敢；明白穷困不得志是命运的安排，明白通达得意是时运使然，遇到大难而不惧怕，这是圣人的勇敢。’由此可见，孔子可谓是通达权变的至德之人啊！”

明佚名绘《孔子圣迹图》之《在陈绝粮》，描绘孔子周游列国，在陈蔡之间被困七天，孔子依旧弹琴唱歌的场景

第三十一章

【导读】 本章赞美天下最伟大的圣人，指出他有五种美德：聪明睿智、宽容柔和、奋发坚毅、庄重正直、条理缜密，广大如天，幽深如渊，民众对他心悦诚服。因此，圣人的美德能够与天匹配。

wéi tiān xià zhì shèng wéi néng cōng míng ruì zhì zú
唯天下至圣，为能聪明睿知，足
yǐ yǒu lín yě kuān yù wēn róu zú yǐ yǒu róng yě fā
以有临也；宽裕温柔，足以有容也；发
qiáng gāng yì zú yǐ yǒu zhí yě zhāi zhuāng zhōng zhèng
强刚毅，足以有执也；齐庄中正，
zú yǐ yǒu jìng yě wén lǐ mì chá zú yǐ yǒu bié yě
足以有敬也；文理密察，足以有别也。

【释义】只有天下最伟大的圣人，才能做到聪明睿智，足以治理天下；宽容柔和，足以包容天下；奋发坚毅，足以决断大事；庄重正直，足以使人尊敬；条理缜密，足以辨别是非。

清李鸿章书《后出师表》

诸葛亮相蜀 

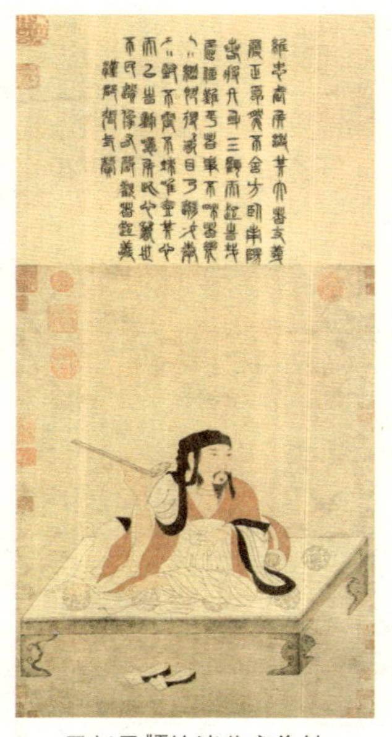
元赵孟頫绘诸葛亮像轴

sān guó shí　liú bèi wèi tì guān yǔ bào chóu
三国时，刘备为替关羽报仇，
xīng bīng fá wú　jié guǒ cǎn bài ér huí　liú bèi zhī
兴兵伐吴，结果惨败而回。刘备知
dào zì jǐ huó bù cháng le　jiù pài rén zhào lái zhū gě
道自己活不长了，就派人召来诸葛
liàng　bà ér zi liú shàn tuō fù gěi tā　xī wàng tā
亮，把儿子刘禅托付给他，希望他
néng xiàng fù qīn yí yàng duì dài liú shàn
能像父亲一样对待刘禅。

liú bèi sǐ hòu　zhū gě liàng zài jí duān kùn nan
刘备死后，诸葛亮在极端困难
de qíng kuàng xià　fǔ zuǒ yòu zhǔ liú shàn　kě wèi dān
的情况下，辅佐幼主刘禅，可谓殚
jīng jié lǜ　suī rán liú shàn hūn yōng　dàn zài zhū gě
精竭虑。虽然刘禅昏庸，但在诸葛
liàng de fǔ zuǒ xià　zǒng suàn wěn dìng le xī shǔ
亮的辅佐下，总算稳定了西蜀
zhèng jú　yǔ cáo wèi　sūn wú zhèng quán xíng chéng
政局，与曹魏、孙吴政权形成
dǐng zú zhī shì　zhū gě liàng dé cái jiān bèi　zhōng
鼎足之势。诸葛亮德才兼备，忠
xīn bú èr　shì lì dài zhèng zhì jiā de diǎn fàn
心不贰，是历代政治家的典范。
tā zài　hòu chū shī biǎo　zhōng suǒ shuō de　jū
他在《后出师表》中所说的“鞠
gōng jìn lì　sǐ ér hòu yǐ　zhèng shì tā yì
躬尽力，死而后已”，正是他一
shēng de zhēn shí xiě zhào
生的真实写照。

清绣像本《三国演义》插图《刘先主遗诏托孤儿》，讲述刘备伐吴失败退守白帝城，临死前将刘禅托付给诸葛亮的故事

pǔ bó yuān quán ér shí chū zhī pǔ bó rú
溥博渊泉，而时出之。溥博如

tiān yuān quán rú yuān xiàn ér mín mò bú jìng yán ér
天，渊泉如渊。见而民莫不敬，言而

mín mò bú xìn xíng ér mín mò bú yuè shì yǐ shēng míng
民莫不信，行而民莫不说。是以声名

yáng yì hū zhōng guó yì jí mán mò zhōu chē suǒ zhì
洋溢乎中国，施及蛮貊。舟车所至，

rén lì suǒ tōng tiān zhī suǒ fù dì zhī suǒ zài rì yuè
人力所通，天之所覆，地之所载，日月

suǒ zhào shuāng lù suǒ zhuì fán yǒu xuè qì zhě mò bù zūn
所照，霜露所队，凡有血气者，莫不尊

qīn gù yuē pèi tiān
亲，故曰配天。

【释义】圣人的美德，广博深厚，常常表现出来。广阔如同天空，深沉如同深渊。他表现出的仪容，百姓没有不尊敬的；他说出的话，百姓没有不信服的；他做出的事，百姓没有不喜欢的。因此他的名声传遍中原大地，并远及少数民族地区。凡是车船能到的地方，人力能通的地方，苍天覆盖的地方，大地承载的地方，日月照耀的地方，霜露降落的地方，凡是有血气的人，没有不尊敬和亲近他的，所以说圣人的美德能与天相匹配。

清末民初黄山寿绘《苏武牧羊图》

苏武牧羊

西汉时，苏武奉汉武帝之命出使匈奴。匈奴单于借口汉朝副使张胜参与匈奴内乱，把苏武扣留，并威胁、利诱他投降。苏武大义凛然，以死相拼。单于见苏武坚贞不屈，先是把他关入地窖不给饮食，之后又把他流放到北海（今俄罗斯贝加尔湖）去放羊。苏武历尽艰辛，饮冰雪，食草实，手持汉节，一再拒绝匈奴的诱降，在北海度过了十九个春秋。

清末《历代名臣像解》中的苏武画像

汉昭帝时，汉使奉命把苏武接回祖国。苏武壮年出使，返回汉朝时已鬓发斑白。他忠于职守、威武不屈的高尚情操，一直为历代所传颂。

清黄慎绘《苏武牧羊图》（局部）

第三十二章

【导读】 本章提出，天下至诚之人能够制定治理天下的基本法则，树立天下的根本道德，知晓天地化育万物的道理，如果不是有“聪明圣知”，就不可能做到。

wéi tiān xià zhì chéng wéi néng jīng lún tiān xià zhī dà
唯天下至诚，为能经纶天下之大
jīng lì tiān xià zhī dà běn zhī tiān dì zhī huà yù fú
经，立天下之大本，知天地之化育。夫
yān yǒu suǒ yǐ zhūn zhūn qí rén yuān yuān qí yuān hào
焉有所倚？肫肫其仁！渊渊其渊！浩
hào qí tiān gǒu bú gù cōng míng shèng zhì dá tiān dé zhě
浩其天！苟不固聪明圣知达天德者，
qí shú néng zhī zhī
其孰能知之？

【释义】 只有天下最真诚的人，才能制定治理天下的基本法则，树立天下的根本道德，知晓天地化育万物的道理。除了至诚，他哪里需要依赖什么呢？他的仁爱之心是那样诚恳！他的思想像潭水一样深沉！他的美德像天一样广阔！如果不是确实具有聪明才智而能够通达天赋美德的人，还有谁能知道这些道理呢？

明刻本《历代古人像赞》中的唐太宗画像

唐太宗教子

táng tài zōng tǒng zhì shí qī shì zhōng guó lì shǐ shang de shèng shì bèi hòu rén
唐太宗统治时期是中国历史上的盛世，被后人
yù wéi zhēn guàn zhī zhì táng tài zōng bù jǐn zhì guó yǒu fāng duì zǐ nǚ de
誉为“贞观之治”。唐太宗不仅治国有方，对子女的
jiào yù yě shí fēn yán gé
教育也十分严格。

zài gěi ér zi wú wáng lǐ kè de xìn zhōng táng tài zōng shuō dào wǒ zuò
在给儿子吴王李恪的信中，唐太宗说道：“我作
wéi jūn zhǔ tǒng zhì tiān xià wèi bǎi xìng shù lì biǎo shuài nǐ shēn wéi huáng dì de dí
为君主统治天下，为百姓树立表率。你身为皇帝的嫡
qīn jiān fù zhe shǒu wèi yì fāng lǐng tǔ de dà rèn suǒ yǐ nǐ yīng gāi sī kǎo
亲，肩负着守卫一方领土的大任。所以，你应该思考
jūn chén fù zǐ zhī dào zhì dìng dào dé xiū yǎng guī fàn yǐ zhèng yì cái duàn shì
君臣父子之道，制定道德修养规范，以正义裁断事
wù yǐ lǐ jiào tǒng zhì mín xīn jǐn liàng bì miǎn gè zhǒng huài máo bìng zhǐ yǒu zhè
物，以礼教统治民心，尽量避免各种坏毛病。只有这
yàng cái néng jiān rú pán shí hàn wèi guó jiā wǒ běn xiǎng sòng nǐ yì xiē zhēn
样，才能坚如磐石，捍卫国家。我本想送你一些珍
wán yòu pà nǐ jiāo shē yīn cǐ liú xià zhè xí huà jiù suàn shì duì nǐ de xùn
玩，又怕你骄奢，因此留下这席话，就算是对你的训
jiè ba
诫吧。”

清廖鸿章绘《历代帝王巡幸图》之唐太宗卷，描绘唐太宗亲临国子监，命孔颖达讲《孝经》的场景

第三十三章

【导读】本章是《中庸》的最后一章，是对全篇的总结。作者多次引用《诗经》之文，强调“入德”“慎独”“戒惧”“修德”的重要性，并指出治民应以德为本，最好的教化是无声无臭的。

shī yuē yì jǐn shàng jiǒng wù qí
《诗》曰：“衣锦尚䌹。”恶其
wén zhī zhù yě gù jūn zǐ zhī dào àn rán ér rì zhāng
文之著也。故君子之道，闇然而日章；
xiǎo rén zhī dào dì rán ér rì wáng jūn zǐ zhī dào dàn
小人之道，的然而日亡。君子之道，淡
ér bú yàn jiǎn ér wén wēn ér lǐ zhī yuǎn zhī jìn
而不厌，简而文，温而理，知远之近，
zhī fēng zhī zì zhī wēi zhī xiǎn kě yǔ rù dé yǐ
知风之自，知微之显，可与入德矣。

shī yún qián suī fú yǐ yì kǒng zhī
《诗》云：“潜虽伏矣，亦孔之
zhāo gù jūn zǐ nèi xǐng bú jiù wú wù yú zhì jūn
昭。”故君子内省不疚，无恶于志。君
zǐ zhī suǒ bù kě jí zhě qí wéi rén zhī suǒ bú jiàn hū
子之所不可及者，其唯人之所不见乎？

shī yún xiàng zài ěr shì shàng bú kuì yú
《诗》云：“相在尔室，尚不愧于
wū lòu gù jūn zǐ bú dòng ér jìng bù yán ér xìn
屋漏。”故君子不动而敬，不言而信。

【释义】《诗经·卫风·硕人》说：“内穿锦缎，外罩麻衣。”说的是厌恶锦衣的花纹过分显眼。所以君子之道，深藏不露而日益彰明；小人之道，显露无遗而日益消亡。君子之道，平淡而不使人厌烦，简略而有文采，温和而有条理，懂得远是从近开始的道理，懂得教化有源头的道理，懂得隐微可以变得明显的道理，这样就可以进入有道德的境界了。

《诗经·小雅·正月》说：“潜藏虽然很深，但也会被看得很清楚。”所以君子自我反省而无所愧疚，也就是说无愧于心了。君子的德行之所以高于一般人，大概就是在这些不被人看见的地方也严格要求自己吧？

《诗经·大雅·抑》说：“看你独自在室内的时候，是不是做事也无愧于神明。”所以，君子即使不做事，百姓也尊敬他，即使不说话，百姓也相信他。

坐怀不乱

liǔ xià huì shì chūn qiū shí qī lǔ
柳下惠是春秋时期鲁
guó dà fū dào dé gāo shàng pǐn xíng
国大夫，道德高尚，品行
duān zhèng tōng xiǎo lǐ yí jù shuō zài
端正，通晓礼仪。据说在
yí gè hán lěng de bàng wǎn liǔ xià huì
一个寒冷的傍晚，柳下惠
chū chéng bàn shì huí lái shí chéng mén
出城办事，回来时城门

清顾沅辑《古圣贤像传略》中的柳下惠画像

关闭，他不能进城，只好露宿在城门之下。当时，一个没来得及进城的女子蜷缩在城门洞中，已经快冻僵了。柳下惠担心女子会被冻死，就把她抱在怀里，并解开外衣把她裹紧，和女子这样坐了一夜，互相以体温取暖。柳下惠心无杂念，对女子举止有礼，绝无趁人之危，做出逾越道义的行为。

清末《历代名臣像解》中的柳下惠画像

《荀子·大略》评论说："人们久闻柳下惠是正人君子，他把陌生女子抱在怀里，一夜没有不轨行为而不被怀疑，这不是一天的传闻了。"

春秋龙耳莲鹤方壶

shī yuē zòu gé wú yán shí mǐ yǒu
《诗》曰："奏假无言，时靡有
zhēng shì gù jūn zǐ bù shǎng ér mín quàn bú nù ér
争。"是故君子不赏而民劝，不怒而
mín wēi yú fū yuè
民威于𫓧钺。

shī yuē pī xiǎn wéi dé bǎi bì qí xíng
《诗》曰："不显惟德，百辟其刑
zhī shì gù jūn zǐ dǔ gōng ér tiān xià píng
之。"是故君子笃恭而天下平。

shī yún yú huái míng dé bú dà shēng yǐ
《诗》云："予怀明德，不大声以
sè zǐ yuē shēng sè zhī yú yǐ huà mín mò yě
色。"子曰："声色之于以化民，末也。"

shī yuē dé yóu rú máo máo yóu yǒu
《诗》曰："德輶如毛。"毛犹有
lún shàng tiān zhī zài wú shēng wú xiù zhì yǐ
伦。"上天之载，无声无臭。"至矣。

【释义】《诗经·商颂·烈祖》说："祭祀时默默祈祷，肃穆无言，没有争执。"所以，君子不用赏赐，百姓也会互相劝勉；不用发怒，百姓也会像见到刀斧刑具一样畏惧。

《诗经·周颂·烈文》说："大大彰显天子的德行，四方诸侯都会来效仿。"所以，君子笃实恭敬就能使天下太平。

《诗经·大雅·皇矣》说："我怀念文王的美德，他从不厉声厉色。"孔子说："厉声厉色地去教化百姓，是最差的方法。"

《诗经·大雅·烝民》说："德行轻如鸿毛。"轻如鸿毛还是可以比拟的。而"上天化育万物，既没有声音，也没有气味。"这才是最高的境界啊！

清末《历代名臣像解》中的子产画像

子产治郑 

子产是春秋时期的政治家、思想家，在担任郑国相国期间，任用贤能，进行了一系列改革。

对于子产的做法，有些国人不理解，便说："子产计算我的家产而收费，丈量我的耕地而征税，谁杀死子产，我助他一臂之力。"子产听后，不以为然地说："这有什么？只要对国家有利，生死由它去吧。"三年之后，郑国百姓的生活得到很大改善，国人都非常感激他。子产去世时，百姓都沉浸在悲痛之中，就如同自己的亲人去世一样。孔子与子产交往很多，对他给予了很高评价，称他为"古之遗爱"。

图书在版编目（CIP）数据

大学·中庸 / 最美母语工作室著. — 北京 : 文化发展出版社, 2017.4
ISBN 978-7-5142-1724-7

Ⅰ. ①大… Ⅱ. ①最… Ⅲ. ①儒家②《大学》—青少年读物③《中庸》—青少年读物 Ⅳ. ①B222.1-49

中国版本图书馆CIP数据核字(2017)第064810号

大学·中庸

主　　编： 最美母语工作室
责任编辑： 肖贵平　罗佐欧
封面设计： 罗竹君
品牌策划： 最美母语

出版发行： 文化发展出版社（北京市翠微路2号　邮编：100036）
网　　址： www.wenhuafazhan.com
经　　销： 各地新华书店
印　　刷： 河北环京美印刷有限公司
开　　本： 710毫米×1000毫米　1/16
字　　数： 120千字
印　　张： 12
版 印 次： 2017年4月第1版　2024年6月第4次印刷
定　　价： 32.80元
I S B N： 978-7-5142-1724-7